MW01257717

Acquisition.com Volumen I

Ofertas de $100M

Cómo presentar ofertas tan buenas que la gente sienta que es estúpida si dice que no

ALEX HORMOZI

Lo que dicen otros

"**Después de pasar un día con Alex aumentamos las ganancias en 5 MILLONES DE DÓLARES POR AÑO** sin agregar *ningún* servicio nuevo. Cuando Alex habla de adquisición deberías escucharlo (siempre y cuando no odies el dinero)."

- Brooke Castillo, Gerente General del Life Coach School

"Mi carrera podría dividirse en dos capítulos: el primero fue de 15 años dándome de cabeza contra la pared, intentando averiguar por qué no estaba desarrollando mi potencial. El segundo capítulo empezó cuando leí "Ofertas de $100M" de Alex Hormozi. Solo entonces tuve la confianza para saber exactamente cómo tener el éxito que sabía que podía disfrutar. Si eres un empresario que no se conforma con menos de su potencial, este libro te mostrará rápidamente que no es tu culpa; nadie te ha enseñado a hacer ofertas irresistibles. **Este libro cambiará eso en unos pocos capítulos.** Considera a este libro como tu segundo capítulo y prepárate para **un cambio radical en el juego.**"

- Ryan Daniel Moran, Fundador de Capitalism.com

"Conocimos a Alex e inmediatamente compramos su libro. Es el mejor libro de negocios que he leído. Probablemente lo más importante que aprendí de él sea que muchas veces en los negocios quieras cobrar más a tus clientes y esto te haga sentir casi culpable: 'Dios mío, ¿esto se puede hacer?', pero creo que no hay nadie mejor que él para unir paquetes y precios, y que no sólo puedes aumentar los precios para tu negocio sino que simultáneamente puedes aumentar el valor para tus clientes. **Desde que empezamos a trabajar con él -en los primeros dos meses- nuestro negocio ya estaba haciendo $10M/año en ventas... EL DOBLE AL INSTANTE. Han pasado sólo dos meses desde que lo contactamos y nuestro negocio está creciendo a una velocidad que nos podría permitir lograr $23M/año en ventas.** Tan sólo cambiando nuestros precios, nuestros embalajes y, al mismo tiempo, entregando mejores resultados a nuestros clientes."

- Andrew Argue, Fundador y Gerente General de Accountingtax.com

Acquisition.com Volumen I

Ofertas de $100M

Cómo presentar ofertas tan buenas que la gente sienta que es estúpida si dice que no

Por

ALEX HORMOZI

Copyright © 2023 por Alex Hormozi

Todos los derechos reservados. Queda prohibida la reproducción, distribución o transmisión total o parcial de esta publicación, en cualquier forma o por cualquier medio, incluidos el fotocopiado, la grabación u otros métodos electrónicos o mecánicos, sin la autorización previa por escrito del editor, salvo en el caso de breves fragmentos incluidos en reseñas críticas y otros usos no comerciales permitidos por la legislación sobre derechos de autor. Para solicitar autorización, escriba al editor a la dirección que figura a continuación.

Acquisition.com, LLC
7710 N FM 620
Building 13C, Suite 100
Austin, TX 78726

Diseño de tapa: Charlotte Chan Mikkelsen

Fotografías, ilustraciones y diseño: Alex Hormozi

AVISO LEGAL

El contenido de este libro está diseñado para brindar información útil sobre los temas que en él se tratan. Este libro no pretende ni debe utilizarse para diagnosticar o tratar ninguna afección médica. Las cifras que figuran en este libro son teóricas y deben utilizarse únicamente con fines ilustrativos. El editor y el autor no son responsables de ninguna acción que usted tome o no tome como resultado de la lectura de este libro y no serán responsables por ningún daño o perjuicio por acción o inacción ante ninguna persona que lea o actúe según la información de este libro. Las referencias se facilitan únicamente con fines informativos y no respaldan a ningún sitio Web ni a otras fuentes. Los lectores también deben ser conscientes de que los sitios Web enumerados en este libro pueden cambiar o quedar obsoletos.

Principios Rectores

No hay reglas.

Gracias

A Leila:

Mi leal compañera. Contigo hasta la muerte.
Leila es de esas personas que están dispuestas a hacer cualquier cosa por su pareja, amigos o familiares,
incluso ante el peligro.
No podría, ni querría, hacer esto sin ti...
Haces que valga la pena levantarme todos los días.
Gracias por ser tú sin pedir disculpas.
Eres la puta ama.

A Trevor:

Eres el mejor amigo que se podría pedir.
Gracias por pasar horas y horas conmigo dándole vueltas a las ideas que se convirtieron
en este libro.
No sería ni la mitad de lo bueno que es sin tu incesante afán de simplificación y claridad.
Eternamente agradecido por nuestra amistad.
Me haces sentir menos solo en el mundo.
Brindo por hacernos viejos y cascarrabias.

Copyright © 2023 por ACQUISITION.COM, LLC - PROHIBIDA SU DISTRIBUCIÓN

ÍNDICE

Copyright © 2023 por ACQUISITION.COM, LLC - PROHIBIDA SU DISTRIBUCIÓN

Copyright © 2023 por ACQUISITION.COM, LLC - PROHIBIDA SU DISTRIBUCIÓN

EMPIEZA AQUÍ

"A menudo se obtienen grandes retornos apostando en contra de la sabiduría convencional, que suele ser la correcta. Con un 10% de probabilidades de obtener un beneficio 100 veces mayor, deberías apostar siempre. Aun así, te equivocarás nueve de cada diez veces... En el béisbol todos sabemos que aunque lancemos para ganar, vamos a 'ponchar' muchas veces, pero también vamos a lograr algunos 'jonrones'. Sin embargo, la diferencia entre el béisbol y los negocios es que el béisbol tiene una distribución de resultados truncada. Cuando bateas, no importa lo bien que conectes con la pelota, lo máximo que puedes conseguir son cuatro carreras. En los negocios, de vez en cuando, cuando subes al plato, puedes anotar 1.000 carreras. Esta distribución de rendimientos de largo alcance es la razón por la que es importante ser audaz. Los grandes ganadores son los que realizan muchos experimentos."

— **Jeff Bezos**

Como empresarios apostamos todos los días. Somos jugadores, apostamos el dinero que tanto nos costó ganar en mano de obra, inventario, alquiler, marketing, etc., con la esperanza de lograr mayores resultados. Muchas veces perdemos. Pero a veces ganamos y a lo GRANDE. Sin embargo, hay una diferencia entre apostar en los negocios y apostar en un casino. En el casino, las probabilidades están en tu contra. Con habilidad puedes mejorarlas pero nunca vencerlas. En cambio, en los negocios, puedes mejorar tus habilidades para inclinar las probabilidades *a tu favor*. En pocas palabras, con la habilidad suficiente, puedes convertirte en 'la banca'.

Después de empezar una serie de libros sobre adquisición, me resultó evidente que no podía hablar de ningún otro tema sin abordar primero el de *la oferta*: el punto de partida de cualquier conversación para iniciar una transacción con un cliente. Lo que tú le das literalmente a cambio de su dinero. Ahí empieza todo.

Copyright © 2023 by ACQUISITION.COM LLC NOT FOR DISTRIBUTION

Este libro trata de cómo hacer ofertas rentables. En concreto, de cómo convertir de manera *fiable* los dólares invertidos en publicidad en (enormes) ganancias, utilizando una combinación de estrategias de precios, valor, garantías y nombre. Yo llamo a la combinación adecuada de estos componentes: una *Oferta Grand Slam*.

Elegí este término en parte como homenaje a la cita anterior del fundador de *Amazon*, Jeff Bezos, y porque, como un *grand slam* en béisbol, una Oferta Grand Slam es muy buena y muy rara. Además, ampliando la metáfora del béisbol, no requiere más esfuerzo hacer una Oferta Grand Slam que 'ponchar'. La diferencia viene dictada por la habilidad del vendedor y por lo bien que conecte su oferta con los deseos de su público. En el mundo de los negocios se pueden tener ofertas mediocres: los "*singles*" y los "*dobles*" que mantienen el juego, pagan las facturas y mantienen a la empresa funcionando. Pero, a diferencia del béisbol, donde un *grand slam* anota un máximo de cuatro carreras, una oferta *grand slam* en el mundo de los negocios puede multiplicar por mil los beneficios y hacer que nunca más tengas que volver a trabajar. Sería como conectar tan bien con la pelota en un solo turno al bate que ganaras automáticamente todas las series mundiales durante los próximos cien años.

Se necesitan años de práctica para que algo tan complicado como lanzar una bola rápida en las grandes ligas a las gradas parezca un juego fácil. La postura, la visión, la predicción, la velocidad de la pelota, la velocidad del bate y la colocación de la cadera deben ser perfectas. En el marketing y la captación de clientes (el proceso de conseguir nuevos clientes), hay otras tantas variables que deben alinearse para realmente "mandarla fuera del estadio". Pero, con suficiente práctica y habilidad, puedes convertir el salvaje mundo de la captación, que te *lanzará* bolas curvas todos los días, en un torneo de jonrones, mandando fuera del estadio una oferta tras otra. A los demás tu éxito les parecerá increíble. Pero a ti te parecerá "un día más de trabajo". Los mejores bateadores de todos los tiempos también tienen muchos *strike-outs* o 'ponchadas', así como hay muchas ofertas fallidas en el historial de los grandes vendedores. Aprendemos habilidades a través del fracaso y la práctica. Lo hacemos sabiendo que nueve de cada diez veces nos vamos a equivocar. Aun así, actuamos con audacia, esperando esa oferta con la que conectaremos tan bien que se traducirá en nuestra gran recompensa.

La buena noticia es que en los negocios basta con hacer *una* Oferta Grand Slam para retirarse para siempre. Yo lo hice cuatro o cinco veces en mi vida. En cuanto a mi historial, tengo una rentabilidad de 36:1 de por vida sobre los dólares invertidos en publicidad a lo largo de mi carrera empresarial. Considéralo mi "promedio de bateo" de por vida, por así decirlo. Esto significa que por cada dólar que gasto en publicidad recupero 36, un 3.600% de retorno. Ese es mi *promedio* en ocho años. Y sigo mejorando.

Copyright © 2023 por ACQUISITION.COM, LLC - PROHIBIDA SU DISTRIBUCIÓN

Este libro es mi intento de compartir esa habilidad contigo, con un foco específico en la construcción de Ofertas Grand Slam, para que puedas experimentar los mismos niveles de éxito. También es el primero de una serie de libros destinados a guiar a los empresarios hacia la libertad financiera, en palabras llanas: "Dinero, ¡vete al diablo!". Los siguientes libros de esta serie profundizarán en cómo conseguir más clientes, convertir más prospectos en clientes, hacer que esos clientes valgan más y otras lecciones que desearía haber aprendido antes, cuando expandía mis negocios.

Consejo profesional: aprendizaje más rápido y profundo leyendo y escuchando al mismo tiempo

He aquí un truco de vida que descubrí hace mucho tiempo... Si escuchas el audiolibro mientras lees el *eBook* o el libro físico, aumentarás tu velocidad de lectura y retendrás más información. El contenido se almacena en más lugares de tu cerebro. Así es como leo la mayoría de las cosas que valen la pena. Si quieres probarlo, consigue la versión en audio y compruébalo por ti mismo. Puede que te resulte tan valioso como a mí (que me cuesta concentrarme). Me llevó dos días leer este libro en voz alta y grabarlo. Se me ocurrió poner este "truco" al principio del libro para que tuvieras la oportunidad de hacerlo si este primer capítulo te parecía lo suficientemente valioso como para ganar tu atención.

Copyright © 2023 por ACQUISITION.COM, LLC - PROHIBIDA SU DISTRIBUCIÓN

Copyright © 2023 por ACQUISITION.COM, LLC - PROHIBIDA SU DISTRIBUCIÓN

PARTE I
Cómo llegamos hasta aquí

La fea verdad

Cómo llegamos hasta aquí

*"La magia encontrará a aquellos de corazón puro,
incluso cuando todo parezca perdido."*

- Morgan Rhodes

24 de diciembre de 2016. Noche Buena.

La habitación estaba completamente oscura. Mis zapatos se pegaban a un suelo cubierto de refrescos secos y pedazos de caramelos aplastados. Mis fosas nasales estaban llenas de olor a palomitas rancias. Habíamos llegado demasiado tarde para conseguir buenos asientos y terminamos apretados cerca de la parte delantera del cine. Unas pocas filas delante, la proyección de la película ocupaba todo mi campo visual. En el resplandor reflejado podía ver los contornos de los rostros de la familia de Leila. Perfectamente podrían estar hipnotizados.

Los envidiaba. Estaban sentados, embelesados, disfrutando de su tiempo libre y pago por las vacaciones de Navidad. *Debe de ser lindo.*

Cualquier otra persona se lo habría perdido, pero Leila, mi novia de entonces, me conocía demasiado bien. Cualquier otra persona habría pensado que estaba viendo la película, pero Leila se dio cuenta de que tenía la mirada perdida en la pantalla, que mis ojos no seguían la película. Mi cara estaba pálida. Mis pómulos y mi mandíbula parecían demacrados. Semanas de estrés crónico me habían quitado el apetito.

"¿Qué te pasa?", me preguntó.

No respondí.

Apoyó su mano sobre la mía para llamar mi atención. No reaccioné. En unos instantes, sus dedos se apretaron alrededor de mi muñeca y me miró con ojos que buscaban a los míos. "Tienes el corazón acelerado", susurró, preocupada.

Sin preguntar, me tomó el pulso.

Cien pulsaciones por minuto. Casi el doble de lo normal para un hombre de 27 años "en reposo" en una habitación fresca y oscura.

"¿Qué está pasando?", preguntó con más fuerza, pero aún susurrando.

Copyright © 2023 por ACQUISITION.COM, LLC - PROHIBIDA SU DISTRIBUCIÓN

La verdad, es que estaba aterrorizado.

Unas horas antes...

Parecía un gigante. Me senté encogido en una silla infantil de juguete. Las rodillas casi me tocaban el pecho, incluso con los pies firmemente plantados en la vieja alfombra beige. Sentía el calor del *laptop* sobre mis rodillas inclinadas. A mi alrededor había muñecas y juguetes desperdigados. Me miraban con ojos muy abiertos y sonrisas dentadas, inmóviles. Yo había sido su entretenimiento en las últimas semanas.

Estaba en la casa de los padres de Leila. Hacía poco se habían convertido en abuelos y usaban esta habitación libre como sala de juegos cuando los nietos venían de visita. Yo no tenía dónde vivir. Así que nos dejaban a Leila y a mí quedarnos allí "todo el tiempo que necesitáramos". Me habían dejado usar la habitación de juegos de los niños como oficina para mi "negocio", que a esta altura me parecía casi tan inventado como las historias que les contaban a sus nietos en aquella habitación.

Me sentía literalmente como si estuviera jugando a disfrazarme. Salvo que lo que estaba en juego era real. Y era mi vida.

Tenía las orejas calientes y enrojecidas de tener el teléfono pegado durante horas. Cambiaba de mano porque se me cansaban los brazos de tanto sostenerlo.

"Lo siento, señor Hormozi", dijo la voz al otro lado de la línea, "tenemos que retener estos fondos durante los próximos seis meses. Hemos visto alguna actividad irregular, así que lo haremos por precaución."

"¿Me está tomando el pelo? 120.000 dólares", dije. "¡¿Una 'precaución'?!"

"Lo siento señor, nuestro equipo de suscripción..."

"Sí, ya lo escuché", dije, interrumpiéndolo. "No lo acepto."

"Señor, no depende de mí, es sólo nuestra polí..."

"¿Qué le voy a decir a mi vendedor que tiene un bebé y otro en camino? ¿Ustedes le van a decir que no va a poder comprarles comida a su mujer embarazada y su hijo recién nacido? ¿Ustedes le van a pagar la hipoteca?"

Estaba furioso.

"Señor...", comenzó de nuevo, con una apatía imperturbable, sólo tratando de dar la noticia.

Copyright © 2023 por ACQUISITION.COM, LLC - PROHIBIDA SU DISTRIBUCIÓN

"Ese dinero no es suyo para tomarlo." Mi agresividad se estaba convirtiendo rápidamente en desesperación. "Mierda, sólo denme la mitad para que les pueda pagar a mis empleados", supliqué. "Es Nochebuena, maldición."

"Señor, vamos a retener la totalidad de sus fondos durante los próximos seis meses según su contrato..." La voz se desvaneció en la distancia.

Mierda.

Colgué y comprobé mis cuentas. *$ 23.036.*

Le debía a mi vendedor un cheque de 22.000 dólares de comisión por 120.000 dólares en ventas que nunca obtuve. Sin siquiera darme la oportunidad de pensarlo, se lo giré.

- $ 22.000 Pago Realizado con Éxito.

Saldo $ 1.036.

Mierda.

Hice una captura de pantalla de esta imagen de mi cuenta del banco porque sabía que algún día iba a contar esta historia.

***

La luz del sol me cegó al salir de la matiné. Las familias entraban y salían por las puertas giratorias, creando recuerdos felices. Estaba aturdido. Leila me llevó de la mano hasta el auto.

"¿Qué te pasa? ¿Qué pasó?"

"El dinero no llega."

"¿Qué quieres decir? ¿Se atrasó? "

Copyright © 2023 por ACQUISITION.COM, LLC - PROHIBIDA SU DISTRIBUCIÓN

Exhalé derrotado. "Se lo están quedando todo."

"¿Pueden hacer eso?"

"Aparentemente", dije estoicamente, intentando mantener la compostura delante de sus padres.

"¿Qué vas a hacer con las comisiones?"

"Ya las pagué. Todas." Lo dije sin mirarla.

La preocupación de Leila se convirtió en pavor.

Volvimos en silencio todo el camino a casa. Yo miraba por la ventanilla. Ella me tomó la mano. Fue más reconfortante de lo que esperaba. *Lo vamos a superar.*

30 días antes...

Había decidido meterme de lleno en este nuevo negocio que llamé "*Gym Launch*" ("Lanzamiento de Gimnasios"). Esta era la idea: volaría por todo el país a los gimnasios y los llenaría de suscriptores a tope utilizando esta nueva metodología que giraba en torno a una oferta que había perfeccionado cuando tuve mi propia cadena de gimnasios.

Hasta ese momento había vendido cinco de mis seis gimnasios. Los fondos de la venta, el trabajo de mi vida, los había depositado en una cuenta que tenía con un nuevo socio. Este dinero iba a ser el capital inicial de nuestra nueva empresa.

Por fin iba a alcanzar cierto nivel de éxito.

Sonó el despertador. Moví el brazo a ciegas, arañando la mesa de noche. Apagué el despertador mientras Leila se las arreglaba para dormir a pesar del alboroto.

Me quedé acostado en silencio, consultando las cuentas bancarias, un ritual diario. El saldo era de 300 dólares. Un momento. No podía ser. Ayer había 46.000 dólares.

Me subió la adrenalina. Mirando más de cerca vi "- *$ 45.700 pago realizado con éxito*".

Entré en desesperación.

El dinero de la venta de todos mis gimnasios había desaparecido. Verifiqué a dónde había ido a parar el dinero. A mi "socio". Había sacado todo el dinero.

Mierda.

Copyright © 2023 por ACQUISITION.COM, LLC - PROHIBIDA SU DISTRIBUCIÓN

Los últimos cuatro años de mi vida se habían esfumado así de rápido. Oficialmente no tenía nada, y menos todavía para demostrarlo. No tenía gimnasios. No tenía equipos. No tenía empleados. Nada.

Me sentí muerto por dentro.

Para colmo de males, en ese mismo período de 30 días, mi madre estuvo internada en estado crítico debido a un accidente casi mortal (y seguía bajo supervisión las 24 horas del día), y yo había destrozado mi auto en un choque frontal a 100 km/h y me había ganado una multa por conducir 'bajo los efectos...' como premio consuelo.

Esto fue la guinda del pastel. Mi única gracia salvadora durante este tiempo fue vender una nueva "oferta de desafío" en un gimnasio y cobrar todo el dinero por adelantado como mi "comisión" por dar vuelta el negocio.

Así que hice lo único que sabía hacer. Vendí. Mi vendedor había hecho 120.000 dólares en un solo mes, y yo le debía un cheque por 22.000 dólares de comisión.

El problema fue que los 120.000 dólares nunca llegaron.

"Tenemos que hablar", dije cuando Leila y yo entramos en la otra habitación. Me armé de valor para hablar, pero me quedé mirando el suelo, avergonzado.

"No tengo nada", le dije. "Soy un barco que se hunde y no tienes por qué quedarte conmigo."

Me tomó de la barbilla y acercó mi cara a la suya para poder mirarme a los ojos: "Dormiría contigo debajo de un puente si fuera necesario." Habría llorado de alegría, pero estaba tan agotado emocionalmente que mi respuesta pareció apática.

Yo no me quedaría conmigo.

"¿Vamos a seguir con los lanzamientos a partir de mañana?" Preguntó. "Todos mis amigos dejaron sus trabajos para hacer esto." Ella estaba siendo pragmática, pero aun así me dolía. Me sentía derrotado. "Escucha, esto podría salir terriblemente mal."

"Confío en ti. Lo vamos a resolver."

En ese momento me quedaban dos cosas: una oferta grand slam y una vieja tarjeta de crédito comercial con un límite de 100.000 dólares de cuando tenía mis gimnasios.

Al día siguiente de Navidad (dos días después de la desgarradora llamada del procesador de pagos) teníamos previsto lanzar seis nuevos gimnasios... todos al mismo tiempo. Entre pasajes de avión, hoteles, automóviles de alquiler, combustible y gastos publicitarios (todo multiplicado por seis), iba a gastar 3.300 dólares por día de un dinero que no tenía. Mi último dólar se había ido en el pago realizado a mi vendedor. Todavía recuerdo cómo me temblaba la mano cuando presioné el botón para activar los anuncios publicitarios:

Off→ ON.

Así de fácil, me estaba endeudando a razón de 412 dólares por hora de trabajo. Sin más, empezaron a deducir de mi cuenta 3.300 dólares por día.

-$3.300... Ahora oficialmente no tengo nada

-$3.300... Ahora tengo oficialmente menos que nada

-$3.300... Tengo 10.000 dólares menos que nada

-$3.300... Esta decisión va a arruinar mi futuro para siempre.

Pero las cosas empezaron a mejorar. Esto es lo que sucedió ese mes (enero de 2017), según lo documentado en mis viejos registros de procesamiento que desenterré. Puedes ver el mes en la columna de la izquierda y los ingresos recaudados ese mes en la de la derecha.

	Autorizaciones pendientes		Cargos		Reembolsos		Rtns/Cambks		vacíos		Rechazos		Totales	
	Contar	Cantidad	Contar	Cantidad	Contar	Cantidad	Contar	Cantidad	Contar	Cantidad	Contar	Porcentaje abril	Contar	Cantidad
01/2017	0	$0.00	348	$102,605.64	7	$-2,488.33	0	$0.00	12	$2,002.98	148	70%	515	$100,117.31
02/2017	0	$0.00	847	$190,809.50	56	$-13,243.77	1	$-166.00	5	$1,247.00	232	78%	1141	$177,399.73
03/2017	0	$0.00	782	$177,820.58	61	$-12,701.50	4	$-997.00	21	$3,458.50	285	73%	1153	$164,122.08
04/2017	0	$0.00	704	$204,461.25	49	$-10,725.00	10	$-6,315.00	2	$-50.00	354	67%	1119	$187,421.25
05/2017	0	$0.00	191	$260,754.00	4	$-797.00	11	$-16,984.00	0	$0.00	42	82%	248	$242,973.00
06/2017	0	$0.00	214	$272,835.00	5	$-1,498.00	30	$-55,375.00	0	$0.00	1	100%	250	$215,962.00
07/2017	0	$0.00	282	$316,917.98	0	$0.00	21	$-23,450.00	0	$0.00	7	98%	310	$293,467.98
08/2017	0	$0.00	346	$393,370.62	0	$0.00	28	$-32,998.99	1	$100.00	45	88%	420	$360,371.63
09/2017	0	$0.00	478	$543,376.29	1	$-1,000.00	64	$-65,792.00	0	$0.00	41	92%	584	$476,584.29
10/2017	0	$0.00	799	$828,709.31	7	$-5,798.00	50	$-49,887.00	8	$8,000.00	31	96%	895	$773,024.31
11/2017	0	$0.00	1076	$1,132,319.31	8	$-8,000.00	66	$-64,296.00	1	$1.00	92	92%	1243	$1,060,023.31
12/2017	0	$0.00	1315	$1,363,956.31	13	$-17,296.00	83	$-82,099.00	1	$1,000.00	111	92%	1523	$1,264,561.31
01/2018	0	$0.00	1609	$1,621,972.81	15	$-28,175.00	97	$-88,995.00	8	$9,000.00	102	94%	1831	$1,504,802.81
Totals	**0**	**$0.00**	**8991**	**$7,409,908.60**	**226**	**$-101,722.60**	**465**	**$-487,354.99**	**59**	**$24,759.48**	**1491**	**86%**	**11232**	**$6,820,831.01**

¡Ganamos 100.117 dólares! Era justo suficiente para cubrir los $ 3.300 diarios que habían estado saliendo de la tarjeta de crédito. Realmente estaba funcionando. Apenas podía creerlo. Lancé el *Ave María* y el universo lo atrapó. Pasé de buscar abogados especializados en quiebras a pensar qué hacer con 3.000.000 de dólares en ganancias, acumuladas en los primeros doce meses. Parecía surrealista. Y, en retrospectiva, todavía lo parece.

Copyright © 2023 por ACQUISITION.COM, LLC - PROHIBIDA SU DISTRIBUCIÓN

Al final del año estábamos haciendo $ 1.500.000+/mes. Doce meses después, $ 4.400.000/mes. Veinticuatro meses después, superamos los $ 120.000.000 en ventas, donamos $ 2.000.000 para ayudar a financiar la igualdad de oportunidades en zonas de bajos ingresos. Conocimos y nos hicimos amigos de Arnold Swarzenegger (héroe de toda la vida) y nos pidieron que fuésemos miembros del consejo de su organización benéfica *'After School All Stars'*.

Leila y yo conocimos a Arnold Schwarzengger en su casa. Ahora formamos parte del consejo nacional de su organización benéfica After School All Stars. *Crear Ofertas Grand Slam nos ha dado acceso a gente que solo habíamos soñado conocer.*

Hoy, doce meses después de eso, tenemos una cartera de siete empresas de ocho cifras y empresas de más de ocho cifras en una variedad de industrias (fotografía, editorial, *fitness*, consultoría de negocios, belleza) y varios tipos de negocios (cadenas de negocios tradicionales, *software*, servicios, comercio electrónico, formación y educación). Las empresas de nuestra cartera facturan hoy alrededor de $ 1.600.000 dólares por semana (y siguen creciendo).

Digo esto porque, de verdad, no lo puedo creer. Todo esto fue gracias a una chica que creyó en mí, una tarjeta de crédito y una Oferta Grand Slam.

Sé que te teletransporté de la pobreza a la riqueza. Y la pregunta natural es ¿cómo? Voy a utilizar el resto de este libro (y el resto de los libros y cursos gratuitos de esta serie de *Acquisition.com*) para desglosarlo.

La habilidad para hacer ofertas me salvó de la quiebra y probablemente me salvó la vida. Cometí varios errores en mi vida. Tomé muchas malas decisiones. Hice daño a la gente a

Copyright © 2023 por ACQUISITION.COM, LLC - PROHIBIDA SU DISTRIBUCIÓN

sabiendas y por error. Hice cosas malas con buenas intenciones. Digo esto porque soy humano. No pretendo tener las respuestas. Tengo mis propios demonios contra los que lucho cada día. Pero, a pesar de mis muchos defectos, me las he arreglado para ser realmente bueno en una cosa... y me gustaría compartirla contigo. Puedo enseñarte a crear grandes ofertas.

No sé quién eres (sí, tú, el que está leyendo esto). Pero gracias de todo corazón. Gracias por permitirme hacer un trabajo que considero importante. Gracias por darme tu bien más preciado: tu atención. Prometo hacer todo lo que esté a mi alcance para retribuirla.

He aquí la primera buena noticia: si estás leyendo esto, es que ya perteneces al 10% de los mejores. La mayoría de la gente compra cosas y después las ignora. También puedo lanzar un *spoiler alert*: cuanto más avances en el libro, más valioso será su contenido. Compruébalo tú mismo.

Este libro cumple.

El mundo necesita más emprendedores. Necesita más luchadores. Necesita más magia. Y eso es lo que estaré compartiendo contigo: magia.

Ofertas Grand Slam

"Haz ofertas tan buenas que la gente sienta que es estúpida si dice que no."

- Travis Jones

Tenía 23 años y, citando a Ruth de *Ozark*, no sabía "un carajo". Pero ahí estaba, en el *penthouse* de un hotel en Las Vegas con diez empresarios aprendiendo sobre marketing y ventas... con mi camiseta "modo bestia" más a la moda (una camiseta que me habían regalado y una de las cinco que tenía en ese entonces).

La verdad es que estaba ansioso, cohibido y pensaba que estaba cometiendo un gran error. Había pagado 3.000 dólares de un dinero que no tenía para conseguir un lugar en la mesa. Sabía que tenía que aprender. Todos tenían un negocio... menos yo. Y estaba planeando empezar uno, un gimnasio.

TJ, el organizador, tenía varios negocios exitosos. Mientras repasábamos la agenda, recuerdo que hizo un comentario fuera de lugar sobre haber ganado 1.000.000 de dólares ese año.

Un. Millón. De. Dólares. Quedé embelesado. *Quiero ser como este tipo. Haré lo que sea.* El problema era que no sabía de qué estaba hablando toda esa gente. ¿KPI[1]? ¿CPL[2]? ¿Índices de conversión? La cabeza me daba vueltas mientras fingía que entendía lo que decían. Pero no lo hacía, y no soy bueno fingiendo.

Entre "sesiones", TJ me encontró. Se dio cuenta de que estaba muy interesado. TJ era amable, curioso y atento. Después de charlar un poco, me hizo una pregunta simple que cambió mi vida para siempre...

"¿Quieres saber el secreto de las ventas?"

Nunca había vendido nada en mi vida. No había leído siquiera un libro sobre el tema. Acababa de enterarme de lo que significaba el término (en serio). Me incliné hacia adelante, con la intención de grabar cada sílaba que pronunciaba directamente en mi cerebro.

Abrí mi bloc de notas y lo miré fijamente con intención. Estaba preparado para el secreto.

---

[1] KPI, del inglés: *Key Performance Indicators* o Indicadores Clave de Desempeño

[2] CPL, del inglés: *Cost Per Lead* o Costo por Cliente Potencial

Me miró sobriamente y dijo:

"Haz una oferta tan buena que la gente sienta que es estúpida si dice que no."

Asentí, lo escribí, lo subrayé y lo rodeé con un círculo. Y con eso, toda mi visión de la venta se transformó.

Mi mente empezó a acelerarse. No tenía que ser hábil... ni siquiera bueno. Sólo tenía que inventar cosas a las que *cualquiera* diría que sí. Había empezado el mejor juego de mi vida.

De qué trata este libro

En algún momento, todo empresario de éxito fue un *'quieroseremprendedor'*. Una persona llena de ideas y frustrada por tener potencial de sobra. Algo hace clic cuando se dan cuenta del horrible cambio (que hacen tantas personas) de sacrificar su libertad por una seguridad (falsamente) percibida.

Su malestar se agrava. Y una vez que la incomodidad de seguir igual supera a la incomodidad del cambio, dan el salto. *Voy a ser emprendedor para poder ser libre. Libre para hacer lo que quiera, cuando quiera y con quien quiera.*

Algunos conocieron el espíritu empresarial a través del desarrollo personal.

Otros lo hicieron a través de una franquicia.

Otros compraron cursos.

Y otros simplemente dijeron: "A LA MIERDA. Voy a hacerlo. Haré que funcione."

Y vaya si lo hicieron.

Copyright © 2023 por ACQUISITION.COM, LLC - PROHIBIDA SU DISTRIBUCIÓN

La mayoría de nosotros abrimos un negocio con la intención de ayudar de alguna manera a la gente. Muchas veces, esta ayuda está relacionada en cierta forma con algo que nos ha afectado personalmente. Nos proponemos "devolver algo" aportando valor a los demás, ayudándolos a resolver un problema que alguna vez nos atormentó a nosotros. Sin embargo, a veces esta no es la forma en la que entramos. En cualquier caso, nos aferramos al sueño de ganar más y ser más libres de lo que somos ahora.

Muchos de nosotros pensábamos, ingenuamente, que tener un negocio sería nuestro mayor logro, un destino final, cuando en realidad era sólo el principio.

De alguna manera, en la transición entre "la pasión por ayudar a los demás" y "tener nuestro primer negocio", nos dimos cuenta poco a poco de que no teníamos ni idea de cómo hacer negocios y, mucho menos, cómo obtener ganancias.

Puede que sepamos mucho sobre nuestra pasión, sobre *por qué* empezamos el negocio, pero eso no significa que sepamos cómo tener éxito. Para decepción de los idealistas, tener éxito en los negocios significa conseguir que los clientes potenciales nos den dinero por nuestros servicios. Nuestra pasión, por sus monedas ganadas con esfuerzo. Ese es el trato. La única forma de facilitar ese intercambio, de realizar transacciones, de llevar a cabo literalmente un negocio como se debe, *es presentando una oferta al cliente potencial*.

Y en definitiva ¿qué es una oferta?

La *única* forma de hacer negocios es mediante un intercambio de valor, un intercambio de dólares por valor. La oferta es lo que *inicia* este intercambio. En pocas palabras, la oferta son los bienes y servicios que tú te comprometes a dar o prestar, la forma en que aceptas el pago y las condiciones del contrato. Es lo que *inicia* el proceso de conseguir clientes y ganar dinero. Es lo primero con lo que cualquier nuevo cliente interactuará en tu negocio. La oferta es lo que atrae nuevos clientes, por lo tanto, es la savia de tu negocio.

Sin oferta: No hay negocio. No hay vida.

Si la oferta es mala: Ganancias negativas. No hay negocio. Vida miserable.

Si la oferta es decente: No hay ganancias. Negocio estancado. Vida estancada.

Si la oferta es buena: Alguna ganancia. Buen negocio. Buena vida.

Si la oferta es Grand Slam: Ganancias fantásticas. Negocios increíbles. Libertad.

Copyright © 2023 por ACQUISITION.COM, LLC - PROHIBIDA SU DISTRIBUCIÓN

Este libro ayuda a los emprendedores a crear esas Ofertas Grand Slam. Son ofertas tan efectivas, rentables y que cambian la vida, que pareciera que sólo pueden ser fruto de la suerte. Al menos, eso es lo que parece para un ojo inexperto.

Como probablemente sepas, he creado miles de ofertas a lo largo de la última década. La mayoría fracasaron. A algunas les fue bien. Y algunas dieron en el clavo... pero nunca supe *realmente* por qué. Como dijo el Dr. Burgelman, famoso profesor de la Facultad de Negocios de Stanford: "Es mucho mejor haber entendido por qué fracasaste que no saber por qué tuviste éxito".

Pero, a medida que iban llegando los datos, lo que parecía "suerte" y "buena fortuna" se acercaba más a un marco repetible. He tenido la suerte de haber encontrado oro suficientes veces como para documentar estos marcos y haber conseguido que "un rayo cayera dos veces".

He puesto los pasos y los componentes de esos marcos en un formato lógico y digerible para que sean realmente útiles. Hoy. Y quiero decir: ahora. Te estoy ofreciendo acción. En lugar de un triste pero típico libro de vagas teorías empresariales y masturbación mental.

Los dos problemas principales a los que se enfrentan la mayoría de los empresarios y cómo los resuelve este libro

Aunque *puedes* hacer una lista kilométrica de los problemas a los que te enfrentas, lo cual es una buena forma de estresarte, todos estos problemas suelen derivar de dos grandes circunstancias:

1) Falta de clientes.

2) Falta de liquidez (excedente de ganancias a fin de mes).

Parece obvio, ¿verdad? Cuesta más dinero y tiempo conseguir más clientes, con lo cual se soluciona el problema uno, y ese dinero sale de los márgenes de ganancias, ¡lo que crea el problema dos! Y lo que es más molesto, los clientes potenciales comparan y menosprecian salvajemente nuestros servicios en favor de alternativas más baratas y de pésima calidad, donde "gana" la más barata. Esto, por supuesto, cuando "ganar" significa trabajar más por aún menos (cara triste).

Supongamos que bajaste los precios para conseguir más clientes. Puede que incluso tengas una cartera de clientes completa. Pero aquí estás, sobreviviendo a duras penas

Copyright © 2023 por ACQUISITION.COM, LLC - PROHIBIDA SU DISTRIBUCIÓN

porque los márgenes de ganancia son demasiado estrechos. La "competencia" se convierte en una carrera hasta tocar fondo.

Si te enfrentas a uno de estos problemas, o a ambos, no estás solo. He pasado por eso. Creo que *todos* los empresarios nos enfrentamos a los mismos desafíos.

También quiero que sepas que no es culpa tuya. Los modelos típicos no se diseñaron para maximizar las ganancias. Los diseñaron empresas que tienen muchísimos fondos y pueden funcionar con pérdidas durante *años*. Al usar estos modelos en el mundo real, los empresarios apenas logran "salir adelante". Esencialmente "se compran un trabajo" y trabajan 100 horas por semana para evitar trabajar 40. Un negocio de mierda. Supongo que si eres como yo, aspiras a algo mejor.

Mantén la mente abierta. El contenido de este libro, si lo pones en práctica, puede transformar tu negocio... rápidamente.

No pasa nada si no te gustan los números o los modelos de negocios. Ya hice todo ese trabajo por ti. En estas páginas te guiaré paso a paso a través del proceso. Te voy a explicar en detalle cada uno de los dos grandes problemas que mencionamos anteriormente, incluyendo sus causas. Luego te mostraré las soluciones. Y, para terminar esta aventura, te explicaré cómo mejorar el valor para maximizar cuánto ganas por cliente, de manera que puedas superar a todos en el mercado y acumular dinero.

Utilizamos este modelo de oferta para cada nicho con el que trabajamos (quiroprácticos, odontólogos, gimnasios, agencias, fontaneros, techadores, paseadores de perros, productos físicos, *software*, comercios tradicionales, y muchos más), y es increíble lo rápido que las cosas pueden mejorar en todos y cada uno de ellos cuando utilizan este marco.

¿Qué ganas tú?

Cometí todos los errores empresariales (tontos) del libro. Ahora puedes aprender de mis vergonzosas, brutales y multimillonarias cagadas sin tener que sufrir el dolor tú mismo.

Construir estos negocios ha sido un viaje muy duro y emotivo para mí. No cambiaría estas experiencias por nada del mundo. Sin embargo, si este libro ayuda a un solo empresario a evitar el sufrimiento que yo padecí, a mantener su empresa abierta o a cumplir sus sueños, todo habrá valido la pena.

Si estás dispuesto a cambiar el tiempo que tardas en ver dos episodios de tu programa favorito por estudiar este libro -y si *implementas* aunque sea un solo componente de la oferta, te garantizo que vas a agregar más clientes y más dólares a tu balance. Leer este libro, y tomarlo a pecho, se convertirá en el mejor retorno para tu negocio. No hay nada más que te permita hacer lo que este libro puede hacer en la misma cantidad de tiempo. Te lo prometo.

Como beneficio adicional, implementar una nueva oferta es una de las cosas más fáciles de hacer en un negocio. Así que, de verdad, *puedes* hacerlo. No se trata de una práctica de gestión o de un vudú de creación de cultura. Este es el auténtico: "cómo vender mierda por mucho dinero".

¿Qué gano yo?

Doy todos estos materiales (este libro, el curso que lo acompaña y todos los demás libros y cursos que se encuentran en Acquisition.com) gratis o a precio de costo para ayudar a tantas personas como sea humanamente posible a hacer más y servir más. Los elaboré con la intención de brindar más valor del que obtendrías en un curso de $ 1.000, cualquier programa de coaching de $ 30.000 e, incluso y aunque parezca mentira, más que con un título universitario de $ 200.000. Y hago esto porque, aunque podría vender estos materiales en ese formato, *simplemente no quiero hacerlo*. Hice mi dinero *haciendo* estas cosas, no *enseñando cómo hacer* estas cosas, contrariamente a la mayoría de la comunidad de marketing en general. Así que mi modelo es diferente (en un segundo te lo explicaré mejor).

Dicho esto, hay dos arquetipos clave a los que pretendo aportar valor con los materiales que he publicado. Para el arquetipo I, empresarios con menos de 1.000.000 de dólares anuales en ganancias, mi objetivo es ayudarte a conseguirlo y *ganarme tu confianza*. Prueba sólo un par de tácticas de este libro, observa cómo funcionan, luego prueba algunas más, observa cómo funcionan... y así sucesivamente. Cuantos más resultados veas en tu propio negocio, mejor.

Una vez que lo consigues, te conviertes en el arquetipo II, empresarios *con un mínimo* de 1.000.000 de dólares anuales en ganancias. Una vez que llegues ahí, o si ese eres tú ahora, sería un honor para mí invertir en tu negocio y ayudarte a cruzar la barrera de los $30M, $50M, o $100M+. Yo no vendo *coaching*, mentorías, cursos, ni nada por el estilo. En su lugar, tengo una cartera de empresas en las que participo. Utilizo la infraestructura, los recursos y los equipos de todas mis empresas para acelerar su crecimiento.

Pero no me creas todavía... *recién nos conocemos*.

Si te genera curiosidad, <u>mi modelo de negocio es sencillo, como el logotipo de la pirámide en cuatro piezas</u>:

(1) Proporcionar valor sin un costo muy por encima de lo que cobra el resto del mercado.

(2) Hacer que los empresarios utilicen materiales que realmente funcionan y ganen dinero ayudando a más personas.

(3) Ganar la confianza de los titulares de negocios híper ejecutores que utilizan los marcos para escalar sus negocios.

(4) Invertir en esas empresas para que tengan un mayor impacto a escala mientras ayudan a los demás de forma gratuita.

Si te fijas bien, el proceso revierte la ingeniería del éxito. Me parece genial. He aquí cómo: Sé que estos dueños de negocios pueden ejecutar mis marcos sin ayuda, y por lo tanto, va a ser muy probable que tengan éxito con el siguiente grupo de marcos (llegar a $ 30M, $ 50M, $ 100M se ve diferente que llegar a $ 3M o $ 10M). Saben que mi estilo les funciona porque ya lo han comprobado. Así que operamos en base a la confianza compartida: yo confío en que ellos pueden ejecutar, y ellos confían en que nuestra propuesta funciona, de nuevo, porque ya la han comprobado, a la vez que ayudan a los demás de forma gratuita. Esto me permite evitar preventivamente los fracasos y aumenta drásticamente la probabilidad de éxito. Déjame mostrarte cuánto...

Al momento de escribir esto, cada negocio que he comenzado desde marzo de 2017 ha alcanzado una tasa de ejecución de $ 1.500.000/mes. Según la Administración de Pequeños Negocios, las probabilidades de que un solo negocio logre $ 10M/año en ingresos son del 0,4%, o de 1 en 250. Que ocurra cuatro veces seguidas es 0,4% x 0,4% x 0,4% x 0,4% = una probabilidad muy baja de que haya sido mera suerte. Es así que puedo decir con convicción que sabemos cómo recrear el éxito utilizando los marcos que comparto una y otra vez. Funcionan porque son principios empresariales atemporales.

Visualizo activamente cómo me sentía al despertarme cada día en mitad de la noche con sudores fríos, preguntándome cómo cubriría los sueldos de mis empleados. Esa

Copyright © 2023 por ACQUISITION.COM, LLC - PROHIBIDA SU DISTRIBUCIÓN

"meditación" desesperante me mantiene hambriento como empresario, pero también agradecido por mi seguridad y tranquilidad. Esto último es lo que quiero para ti y para cualquiera a quien le importe un poco lo que hace.

¿Te parece justo?

Genial. Entonces, hagámoslo.

Resumen básico de este libro

Este libro pretende ser un recurso. Con recurso, quiero decir que será algo que leerás y después guardarás en tu caja de herramientas, para volver a él una y otra vez. ¿Por qué? Como dice Einstein, "nunca memorices lo que puedas buscar". Los negocios no son un deporte para espectadores. No estás estudiando para un examen, ni eres un filósofo ligero.

Trabajas. Y para trabajar, necesitas herramientas. Esta, amigo mío, es una de esas herramientas.

Esquema General

- Parte I: Cómo llegamos hasta aquí (Acaba de terminar)

- Parte II: Fijación de precios: Cómo cobrar mucho dinero por las cosas

- Parte III: Valor: Crea tu oferta: Cómo hacer algo tan bueno que la gente haga cola para comprarlo

- Parte IV: Mejora tu oferta: Cómo hacer que tu oferta sea tan buena que la gente sienta que es estúpida si dice que no

- Parte V: Ejecución: Cómo hacer que esto suceda en el mundo real

Para obtener cursos y libros gratuitos tan buenos que harán que tu negocio crezca sin tu consentimiento, visita: Acquisition.com/training/offers. También puedes escanear el código QR si no te gusta escribir.

Copyright © 2023 por ACQUISITION.COM, LLC - PROHIBIDA SU DISTRIBUCIÓN

Copyright © 2023 por ACQUISITION.COM, LLC - PROHIBIDA SU DISTRIBUCIÓN

PARTE II
Fijación de precios

Cómo cobrar mucho dinero por cosas

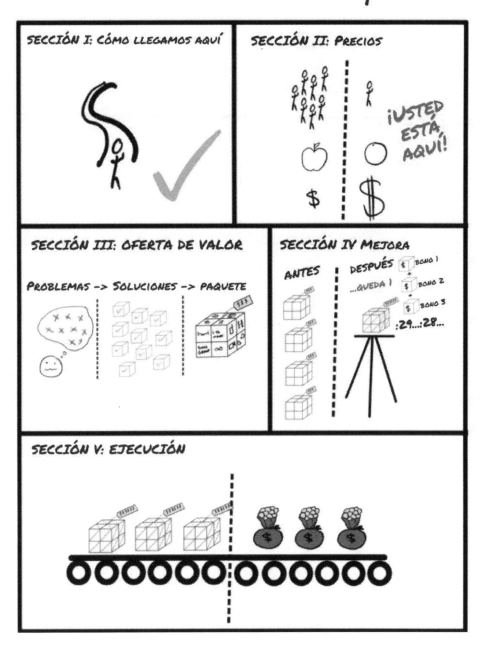

Fijación de precios: El problema de los 'Commodities'

"Piensa diferente."

- Steve Jobs

"Crecer o morir" es un principio básico en nuestras empresas. Creemos que cada persona, cada empresa y cada organismo o crece o muere. Mantenerse es un mito.

Esto significa que si tu empresa no crece, está muriendo. Esta es una realidad aleccionadora para muchos de nosotros. Yo lo aprendí por las malas y mis empresas sufrieron durante mucho tiempo por ello.

Me explico. El mercado crece continuamente. La bolsa crece un 9% anual. Si no estamos creciendo un 9% anual, nos estamos quedando atrás. "Mantenerse", en el sentido más genérico, implicaría un crecimiento del 9% cada año.

Además, si estamos en un mercado en crecimiento, puede que tengamos que crecer entre un 20% y un 30% al año, sólo para mantener el ritmo, o corremos el riesgo de quedarnos atrás. Como puedes ver, mantenerse es un mito.

Entonces, ¿qué hace falta para crecer? Afortunadamente, sólo tres cosas sencillas:

1) Conseguir más clientes

2) Aumentar su valor medio de compra

3) Conseguir que compren más veces

Y ya está.

Copyright © 2023 by ACQUISITION.COM LLC NOT FOR DISTRIBUTION

Claro que hay muchas formas de captar clientes y millones de formas de aumentar el valor de los pedidos y la frecuencia de las compras, y eso es básicamente todo. Estas son las tres únicas formas de crecer.

Por ejemplo: Si vendo a 10 clientes por mes, y un cliente vale 1.000 dólares para mí a lo largo de su vida (valor medio de la compra x el número medio de compras), entonces mi negocio alcanzará un tope de 10.000 dólares al mes (10 x 1.000 dólares).

10 nuevos clientes al mes x un valor de $ 1.000 de por vida = $ 10.000 al mes de ingresos máximos.

Si quieres crecer, tienes que vender más clientes por mes (manteniendo unos márgenes adecuados) o hacer que valgan más (aumentando las ganancias por compra o el número de veces que compran). Y eso es todo.

Nota del autor - Hay sólo dos formas de crecer

Para simplificar aún más este concepto, en realidad hay sólo dos formas de crecer: conseguir más clientes y aumentar el valor de cada cliente. "Aumentar el valor de cada cliente" tiene dos sub-categorías: 1) Aumentar la ganancia por compra, y 2) Aumentar la cantidad de veces que compran. A los efectos de este libro, destaco ambas sub-categorías como vías de crecimiento individuales. Hice esto porque creo que será más fácil entender los modelos monetarios que vendrán en el Volumen III. Estos tres - conseguir más clientes, aumentar su valor medio de compra y conseguir que compren más- son temas que se repiten en este libro. Pero si buscas la simplicidad, tanto aumentar el valor medio de compra como aumentar el número de veces que un cliente compra tiene un único resultado: aumentar el valor de cada cliente.

Términos empresariales

Antes de seguir adelante, y para dar más cuerpo a los conceptos que siguen, deberíamos tomarnos un segundo para definir y entender mejor algunos términos empresariales clave. Cuando estaba en aquel penthouse de Las Vegas con mi camiseta "modo bestia", no tenía ni idea de esos términos. Permíteme ayudarte a ser mejor que… bueno, que yo.

Ganancia bruta: Es el retorno menos el costo directo de atender a un cliente ADICIONAL. Si vendo una loción por $ 10 y me cuesta $ 2, mi ganancia bruta es de $ 8, es decir, el 80%. Si vendo servicios de agencia por $ 1.000 al mes y me cuesta $ 100 al mes en mano de obra gestionar la publicidad de ese cliente, mi ganancia bruta es de $ 900 o el 90%. Nota: Esto *no* es la ganancia neta. La ganancia neta es lo que queda después de pagar *todos* los gastos, no sólo los costos directos de ejecución.

Valor vitalicio: Es la ganancia bruta acumulada a lo largo de toda la vida de un cliente como tal. Es la ganancia bruta multiplicada por el número de compras que un cliente medio realizará a lo largo de su vida. Utilizando el ejemplo anterior, si el cliente medio se queda cinco meses y paga $ 1.000 al mes, mientras que a mí me cuesta $ 100 al mes satisfacerlo, entonces su valor vitalicio es de $ 4.500.

He aquí el desglose:

Ingresos: ($ 1.000/mes * 90% Margen bruto * 5 meses) = $ 4.500 Valor vitalicio (VV)

Ten en cuenta que los costos indirectos, como los de administración, *software*, alquiler, etc., no se incluyen en el VV.

Nota: Encontrarás diferentes definiciones de valor vitalicio dependiendo de la fuente. La mayor diferencia es que algunas fuentes sólo tienen en cuenta los ingresos totales, mientras que otras se centran en la ganancia bruta durante la vida útil del cliente. Yo me centro en la ganancia bruta. Es posible que en otros textos me refiera a este concepto como **GBV Ganancia Bruta Vitalicia** en aras de la claridad.

Compras basadas en el valor vs. compras basadas en el precio

Este libro pretende ser un libro de texto para cualquier negocio que quiera *crecer*. He pasado (y sigo pasando) cientos de horas en llamadas y reuniones presenciales asesorando a empresarios sobre la elaboración de sus ofertas. He visto las que despegan hasta la estratosfera y las que se esfuman.

Tener una Oferta Grand Slam hace casi imposible perder. Pero, ¿por qué? ¿Qué es lo que la hace tan impactante? En pocas palabras, tener una Oferta Grand Slam ayuda con los tres requisitos para el crecimiento: conseguir más clientes, conseguir que paguen más y conseguir que lo hagan más veces.

¿Cómo? Te permite diferenciarte del mercado. En otras palabras, te permite vender tu producto en base al VALOR y no al PRECIO.

Mercantilizado = Compras Basadas en el Precio (carrera a la baja)

Diferenciado = Compras Impulsadas por el Valor (vender en una categoría única sin comparación. Sí, el mercado importa, lo expondré en el próximo capítulo)

Una mercancía o *commodity*, tal y como yo la defino, es un producto que está disponible en muchos lugares. Por esa razón, las compras tienden a basarse en el "precio" en lugar del "valor". Si todos los productos fueran "iguales", entonces el más barato sería el más valioso por defecto. En otras palabras, si un cliente potencial compara tu producto con otro y piensa "son prácticamente iguales, compraré el más barato", entonces te ha mercantilizado. ¡Qué vergüenza! En serio... es una de las peores experiencias que puede tener un empresario orientado al valor.

Esto supone un enorme problema para el empresario porque las materias primas se valoran según el punto de eficiencia del mercado. Esto significa que el mercado hace bajar el precio a través de la competencia hasta que los márgenes sean los *justos* para mantener a la empresa funcionando: "lo justo" para convertirte en esclavo de tu negocio. El negocio gana "lo justo" como para justificar que el titular espere ansiosamente a que las cosas "cambien", y para cuando se dan cuenta de esa mentira... ya están demasiado hundidos como para cambiar el rumbo (al menos, hasta el momento).

Una Oferta Grand Slam resuelve este problema.

Pero, ¿Qué hace una Oferta Grand Slam?

Bien, empecemos por definir qué es una Oferta Grand Slam.

Es una oferta que presentas al mercado, que no puede compararse con ningún otro producto o servicio disponible. Combina una promoción atractiva, una propuesta de valor inigualable, un precio superior y una garantía insuperable con un modelo monetario (condiciones de pago) que te permite *cobrar* por conseguir nuevos clientes... eliminando para siempre la limitación de efectivo para el crecimiento del negocio.

En otras palabras, te permite vender en una "categoría única" o, para aplicar otra gran frase, "vender en un vacío". La decisión de compra resultante para el cliente potencial es ahora entre tu producto *y la nada*. Así que puedes vender al precio que logres que el cliente potencial perciba, sin que lo pueda comparar con ninguna otra cosa. Como resultado, se

Copyright © 2023 por ACQUISITION.COM, LLC - PROHIBIDA SU DISTRIBUCIÓN

consiguen más clientes, a precios más altos, por menos dinero. Si te gustan los términos de marketing rebuscados, se descompone así:

1) <u>Aumento del Índice de Respuesta (piensa en clics)</u>

2) <u>Aumento de la Conversión (piensa en ventas)</u>

3) <u>Precios Premium (piensa en cobrar mucho dinero).</u>

Tener una Oferta Grand Slam aumenta los índices de respuesta a tus anuncios (es decir, más personas harán clic o realizarán alguna acción en un anuncio que vean que contiene una Oferta Grand Slam).

Si pagas la misma cantidad por visualizaciones pero 1) más gente responde, 2) más de esas respuestas compran y 3) compran a precios más altos, tu negocio *crece*.

"Encontré oro" en muchas ofertas. No porque tenga algún súper poder, sino porque he hecho esto muchas veces (y he fracasado aún más). Busqué en la basura que fracasa de manera crónica y me guardé en el bolsillo todo lo que tiene éxito de forma reproducible (y lo incluí en este libro).

Aquí está la clave de todo esto: una empresa hace el *mismo* trabajo en ambos casos (con una oferta mercantilizada o una Oferta Grand Slam). El cumplimiento es el mismo. Pero si una empresa usa una Oferta Grand Slam y otra usa una oferta "mercantilizada", la Oferta Grand Slam hace que parezca que esa empresa tiene un producto totalmente diferente - y eso significa una compra basada en el valor en oposición a una compra basada en el precio.

Si tienes una oferta "mercantilizada", competirás en precio (una compra impulsada por el precio frente a una compra impulsada por el valor). Sin embargo, tu Oferta Grand Slam obliga al cliente potencial a detenerse y *pensar de forma diferente* para evaluar el valor de tu producto diferenciado. Al hacer esto, te estableces como tu propia categoría, lo que significa que es muy difícil comparar precios, lo que a su vez significa que *tú* recalibras el medidor de valor del cliente potencial.

Matemática monetaria de una oferta grand slam en la vida real: El antes y el después

Resumen de antecedentes... Una de nuestras empresas es un *software* que utilizan las agencias de publicidad para generar prospectos para sus clientes. Usando este *software*, las agencias transforman su propuesta de ofertas mercantilizadas de servicios de generación de prospectos en Ofertas Grand Slam de "pago por rendimiento". Permíteme mostrarte el efecto multiplicador que esto tiene en los ingresos de la empresa.

** Aunque redondeados a título ilustrativo, estos valores se basan en las cifras reales que experimenta una agencia de generación de prospectos que vende servicios a negocios tradicionales (no virtuales) **

La antigua forma mercantilizada (impulsada por el precio) - Una carrera a la baja

Oferta Mercantilizada: $ 1.000 al contado y $ 1.000 por mes de anticipo por los servicios de la agencia.

Métrica	Mercancía	Grand Slam	Explicación
Gastos de publicidad	$10.000		Dólares gastados en publicidad
Impresiones logradas	300.000		Visualizaciones logradas por la publicidad
Índice de respuesta	0,00013		Porcentaje de personas que reservan una cita (Proporción de Clics [o CTR] x % de Suscripciones)
Citas reservadas	40		No. de Citas reservadas como resultado
Índice de reservas	75%		Porcentaje de personas que reservan cita
Asistencia efectiva	30		Número de personas que acuden a la cita
% de Cierres	16%		% de personas que compran
Citas cerradas	5		No. de personas que compran
Precio	$1.000		Monto inicial que pagan para iniciar el servicio
Total	$5.000		Monto total cobrado en concepto de pago inicial
ROAS	0,5 : 1		Retorno de la Inversión en Publicidad (ROAS)

Desglose: Con una rentabilidad de 0,5 a 1 sobre el gasto en publicidad, pierdes dinero consiguiendo clientes. Pero en 30 días, esos 5 clientes pagarán otros $ 1.000 cada uno, con lo que llegarás a los $ 10.000 en total y alcanzarás el punto de equilibrio. Al mes siguiente, los 5.000 dólares que ingreses serán tu primer mes rentable, y todos los meses siguientes serán rentables (suponiendo que todos se queden).

Este es un ejemplo de servicio mercantilizado: el trabajo normal de una agencia. Hay un millón agencias y todas se parecen. A las empresas y ofertas mercantilizadas les cuesta más obtener respuestas de los anuncios porque su marketing tiene el mismo aspecto que el de las demás.

Nota: Todo parece igual porque todos hacen la misma oferta.

Nos pagas para que trabajemos.

Trabajamos.

Tal vez obtengas resultados de ese trabajo. Tal vez no.

Es razonable, pero se replica fácilmente (y está sujeto a la mercantilización). *Esta mercantilización crea una compra impulsada por el precio...*

Te ves obligado a fijar precios "competitivos" para conseguir clientes *y* a quedarte así para conservarlos. Si el cliente ve una versión más barata de "lo mismo", la discrepancia de valor lo hará cambiar de proveedor. Se trata de un dilema... perder a este cliente, al resto de tus clientes y clientes potenciales, o seguir siendo "competitivo". Tus márgenes se reducen tanto que *desaparecen*.

Además, es difícil conseguir que los clientes potenciales digan que sí (y que *sigan* diciendo que sí) a menos que seas hípervigilante con los clientes que mercantilizan tu negocio al seguir siendo "competitivo". Y ése es el problema de la vieja forma mercantilizada. Pueden comparar. A menos que cambies a una Oferta Grand Slam, tus precios seguirán bajando. El negocio acaba muriendo o el empresario tira la toalla. Y eso no es bueno.

Queremos proponer una oferta tan diferente que puedas saltearte la incómoda explicación de por qué tu producto es distinto al de los demás (y, si tienen que preguntar, es que probablemente sean demasiado ignorantes como para entender la explicación) y en su lugar dejar que la oferta haga ese trabajo por ti. Así es la Oferta Grand Slam.

Veamos el contraste en las cifras de ventas.

Nueva forma de Oferta Grand Slam (diferenciada, incomparable) (orientada al valor)

Oferta Grand Slam: Se paga una vez. (Sin cuota recurrente. Sin adelantos.) Sólo cubre el gasto en publicidad. Voy a generar clientes potenciales y a trabajar con ellos por ti. Sólo me pagas si aparece alguien. Y te garantizo que conseguirás 20 personas en tu primer mes, o tu próximo mes te saldrá gratis. También te daré las mejores prácticas de otros negocios como el tuyo.

- Capacitación diaria en ventas para tu personal

- Guiones comprobados

- Puntos de precios probados y ofertas para pasar y desplegar

- Registros de ventas

... y todo lo demás que necesites para vender y satisfacer a tus clientes. Te voy a dar el libro de reglas completo para (inserta la industria correspondiente), totalmente gratis, sólo por convertirte en cliente.

En pocas palabras, estoy alimentando tu negocio con personas, mostrándote exactamente cómo venderles para que puedas obtener los precios más altos, lo que significa que harás la mayor cantidad de dinero posible... ¿te parece justo?

Está claro que son ofertas drásticamente diferentes... Pero ¿y qué? ¡¿Dónde está el *dinero*!? Comparemos ambas ofertas en el siguiente gráfico.

Métrico	Producto	Gran Slam	Diferencia
Gasto publicitario	$10.000	$10.000	Sin variaciones
Impresiones alcanzadas	300.000	300.000	Sin variaciones
Tasa de respuesta	0,00013	0,00033	Respuesta x2,5 (más atractiva, por lo tanto, mayor respuesta)
Citas reservadas	40	100	Resultado
Tasa de exhibición	75%	75%	Sin variaciones
Las citas mostraron	30	75	Resultado
% de cierres	16%	37%	Cierre x2,3 (más valor, por lo tanto, más compras)
Cita cerradas	5	28	Resultado
Precio	$1.000	$3.997	Precio x4 (tasa única vs. recurrente)
Total	$5.000	$112.000	Pago Inicial Cobrado x22,4
ROAS	0,5: 1	11,2: 1	Cobra por sonseguir clientes

Copyright © 2023 por ACQUISTION.COM, LLC - PROHIBIDA SU DISTRIBUCIÓN

Desglose: Gastas la misma cantidad de dinero por las mismas visualizaciones. A continuación, consigues que 2,5 veces más personas respondan a tu anuncio porque la oferta es más atractiva. A partir de ahí, cierras 2,5 veces más clientes porque la oferta es mucho más atractiva. A partir de ahí, puedes cobrar un precio 4 veces mayor por adelantado. El resultado final es 2,5 x 2,5 x 4 = 22,4 veces más dinero cobrado por adelantado. Sí, gastaste $ 10.000 para ganar $ 112.000. Acabas de *ganar dinero* consiguiendo nuevos clientes.

Comparación: ¿Recuerdas la forma antigua, en la que perdías la mitad del gasto en publicidad por adelantado? Con el nuevo método, ganas *más* dinero y consigues más clientes. Esto significa que el costo de adquirir un cliente es tan bajo (en relación con lo que ganas) que tu factor limitante pasa a ser tu capacidad para hacer el trabajo que ya te gusta hacer. El flujo de caja y la adquisición de clientes ya no es tu cuello de botella porque es 22,4 veces más rentable que el modelo anterior. Sí. Leíste bien. Esta es la parte de la película de acción en la que te alejas de una explosión en cámara lenta.

Esta es exactamente la Oferta Grand Slam que utilizamos en nuestra empresa de *software* para agencias. Las cifras pueden volverse locas... rápidamente. Sé que 22,4 veces mejor suena poco razonable, pero esa es la cuestión. Si juegas el mismo juego que todos los demás, obtendrás los mismos resultados que todos los demás (mediocres). Logras sencillos y dobles, mantienes a la empresa funcionando, pero nunca sales adelante. Pero recuerda el pasaje inicial de este libro: que cuando alineas todas las piezas, puedes hacerlo tan bien que ganas para siempre. En mis primeros 18 meses en el negocio, pasamos de $ 500.000/año a $ 28.000.000/año con menos de 1 millón de dólares en gasto publicitario. Así que, cuando digo retornos de 20:1... 50:1... 100:1, lo digo en serio. Cuando lo haces bien, los resultados son, bueno... increíbles.

Resumen

Este capítulo ha ilustrado el problema básico de la mercantilización y cómo lo resuelven las Ofertas Grand Slam. Esto te saca de la guerra de precios y te lleva a una categoría única. El próximo capítulo se centrará en encontrar el mercado correcto al que aplicar nuestras estrategias de fijación de precios. Es una de las cosas más importantes que hay que hacer bien. Una oferta grand slam dirigida al público equivocado caerá en saco roto. Queremos evitarlo a toda costa. Debemos desviarnos de la fijación de precios por un momento para saber qué buscar en un mercado. Es un campo esencial que debemos completar antes de continuar nuestro viaje.

REGALO No. 1 TUTORIAL GRATUITO: "EMPIEZA AQUÍ"

Si deseas una inmersión más profunda, entra a Acquisition.com/training/offers y ve el primer video del curso gratuito (protagonizado por este servidor) sobre cómo diferencio las ofertas en las empresas a las que asesoro y consigo que cobren precios superiores. También he creado algunos Procedimientos Operativos Estándar (SOP)/Códigos de Trucos gratuitos para que los utilices y puedas implementarlos más rápido. También puedes escanear el Código QR si no te gusta escribir. Es totalmente gratis. ¡Disfrútalo!

Copyright © 2023 por ACQUISITION.COM, LLC - PROHIBIDA SU DISTRIBUCIÓN

Fijación de precios: Cómo encontrar el mercado adecuado -- una multitud hambrienta

La semilla que cayó en buena tierra representa a aquellos que verdaderamente escuchan y entienden la palabra de Dios y producen una cosecha de treinta, sesenta, ¡o incluso cien veces más de lo que se había plantado!"

- Mateo 13:23 (Nueva traducción)

Un profesor de marketing preguntó a sus alumnos: "Si fuesen a abrir un puesto de salchichas y sólo pudieran tener *una* ventaja sobre sus competidores... ¿cuál sería?"

"¡La ubicación!... ¡La calidad!... ¡Precios bajos!... ¡Mejor sabor!"

Los alumnos siguieron hasta que se les acabaron las respuestas. Se miraron unos a otros esperando que el profesor hablara. Por fin hicieron silencio.

El profesor sonrió y contestó: *"Una multitud hambrienta"*.

Puedes tener las peores salchichas, unos precios terribles y estar en un lugar espantoso, pero si eres el único puesto de salchichas de la ciudad y empieza el partido de fútbol de la universidad local, vas a agotar la mercadería. Ese es el valor de un público hambriento.

Copyright © 2023 por ACQUISITION.COM, LLC - PROHIBIDA SU DISTRIBUCIÓN

Al fin y al cabo, si hay mucha demanda para una solución, puedes ser mediocre en los negocios, tener una oferta terrible y carecer de habilidad para convencer a la gente, y aun así ganar dinero.

Un ejemplo de esto fue la escasez de papel higiénico a principios de la pandemia del Covid-19. No había oferta. El precio era escandaloso. Y no había ningún argumento de venta convincente. Pero como el público era tan numeroso y estaba tan desesperado, los rollos de papel higiénico se vendían a 100 dólares o más. Ese es el valor de una multitud hambrienta.

Venta de periódicos

Un buen amigo mío, Lloyd, tuvo una empresa de *software* que prestó servicios a periódicos durante casi una década. Brindaba servicios de anuncios digitales que configuraba en los sitios Web de los periódicos con unos pocos clics y al instante los ayudaba a vender todo un nuevo producto publicitario. Sólo les cobraba un porcentaje de los ingresos que añadía. Así que si ellos no ganaban nada, él tampoco. Era pura ganancia para los periódicos y una gran oferta.

Pero, a pesar de tener una gran oferta y una habilidad natural para las ventas, su negocio empezó a decaer. Como buen empresario, probó todos los ángulos posibles para resolver el problema, *pero nada funcionó*. No lograba averiguar cuál era el problema. Fue duro para mí verlo luchar con esto porque creo que Lloyd es mucho más inteligente que yo, y la respuesta me parecía obvia. Pero verlo pasar por esto fue una lección que he llevado conmigo para toda la vida. Antes de revelarlo, ¿cuál crees que fue el problema? ¿el producto? ¿la oferta? ¿el marketing y las ventas? ¿Su equipo?

Vamos a desglosarlo. No fue su producto - que era grandioso. No fue su oferta, tenía un modelo de riesgo cero. No fueron sus habilidades de ventas - era un vendedor nato. Entonces, ¿cuál fue el problema? *¡Estaba vendiendo a periódicos!* ¡Su mercado se reducía un *25% cada año!* Había estudiado el problema desde todos los ángulos, menos desde el más obvio. Finalmente, después de años de luchar una batalla cuesta arriba en su mercado, se dio cuenta de que su mercado era la fuente de sus problemas y decidió reducir el tamaño de su empresa.

No te preocupes: esta historia tiene una segunda parte. Para ilustrar el poder de un mercado, Lloyd cambió de rumbo en cuanto apareció el COVID. Creó una empresa de fabricación automatizada de máscaras. Con nueva tecnología, redujo el costo de las

Copyright © 2023 por ACQUISITION.COM, LLC - PROHIBIDA SU DISTRIBUCIÓN

mascarillas por debajo del precio de venta en China. En cinco meses estaba haciendo *millones por mes*. Mismo empresario. Otro mercado. Aplicó el *mismo* conjunto de habilidades a un negocio en el que *no tenía ninguna experiencia* y pudo ganar. Ese es el poder de elegir el mercado adecuado.

Te lo cuento como advertencia. Tu mercado importa. Lloyd es un ser humano muy inteligente. Obviamente es muy capaz. Pero todos los empresarios podemos cegarnos porque no nos gusta rendirnos. Estamos tan acostumbrados a resolver problemas imposibles que seguimos dándonos cabezazos contra la pared. Odiamos abandonar. Pero la realidad es que a todo el mundo le afecta su mercado.

Entonces, ¿cómo elegir el mercado adecuado?

Qué buscar

Hay un mercado que necesita desesperadamente tus habilidades. Tienes que encontrarlo. Y cuando lo hagas, sacarás provecho de ello mientras te preguntes por qué habrás tardado tanto. No seas romántico con tu público. Sirve a la gente que puede pagarte lo que vales. Y recuerda que elegir un mercado, como cualquier otra cosa, es siempre nuestra elección, así que elige sabiamente.

Para vender cualquier cosa necesitas demanda. No intentamos *crear* demanda. Intentamos *canalizarla*. Esta es una distinción muy importante. Si no tienes un mercado para tu oferta, nada de lo que venga después funcionará. Todo este libro se basa en la suposición de que tienes al menos un mercado "normal", que yo defino como un mercado que está creciendo al mismo ritmo que el mercado general y que tiene necesidades comunes insatisfechas que entran en una de estas tres categorías: mejora de la salud, aumento de la riqueza o mejora de las relaciones. Por ejemplo, Lloyd, de la historia anterior de los periódicos, podría haber leído todo este libro y nada de lo que contiene le habría servido. ¿Por qué? Porque estaría dirigiéndose a los periódicos, que son un mercado moribundo.

Dicho esto, tener un gran mercado es una ventaja. Pero se puede estar en un mercado normal que crece a un ritmo promedio y aun así ganar mucho dinero. Todos los mercados en los que he estado han sido normales. *De verdad*, no querrás venderles hielo a los esquimales.

Aquí están los principios básicos de lo que busco en los mercados. Repasémoslos antes de volver a la oferta.

Cuando elijo mercados, busco cuatro indicadores:

1) Dolor intenso

No deben querer, sino necesitar desesperadamente, lo que estoy ofreciendo. El dolor puede ser cualquier cosa que frustre a las personas en sus vidas. Estar arruinado es doloroso. Un mal matrimonio es doloroso. Esperar en la cola del supermercado es doloroso. Dolor de espalda... dolor de tener una sonrisa fea... dolor de tener sobrepeso... Los seres humanos sufren mucho. Así que para nosotros, los empresarios, abundan las oportunidades infinitas.

El grado de dolor va a ser proporcional al precio que podrás cobrar (veremos más sobre esto en el capítulo La Ecuación del Valor). Cuando escuchen la solución a su dolor y, en contraposición, cómo sería su vida *sin* ese dolor, se sentirán atraídos por tu solución.

Tengo un dicho que uso para capacitar a los equipos de ventas: *"El dolor es el argumento"*. Si puedes articular con precisión el dolor que siente un cliente potencial, casi siempre comprará lo que le ofreces. El cliente potencial debe tener un problema doloroso para que nosotros lo resolvamos y cobremos dinero por nuestra solución.

> ### Consejo Profesional
>
> El objetivo de una buena redacción es que el lector comprenda.
>
> El objetivo de una buena persuasión es que el cliente potencial se sienta comprendido.

2) Poder Adquisitivo

Un amigo mío tenía un sistema muy bueno para ayudar a la gente a mejorar sus currículos y así conseguir más entrevistas de trabajo. Lo hacía muy bien. Pero por mucho que lo intentaba, no conseguía que la gente le pagara por sus servicios. ¿Por qué? ¡Porque estaban todos desempleados!

Esto, de nuevo, puede parecer obvio. Pero él pensó: *"Estas personas son fáciles de alcanzar. Sufren mucho. Son muchos y cada vez son más. ¡Este es un gran mercado!"*.

Pero olvidó un punto crucial: tu público tiene que poder pagar el servicio por el que le cobras. Asegúrate de que tus destinatarios tengan el dinero o acceso a la cantidad de dinero necesaria para comprar tus servicios a los precios que tú exiges para que tu tiempo valga.

3) Fácil de Captar

Supongamos que tienes un mercado perfecto, pero no hay forma de encontrar a las personas que lo componen. Pues bien, hacer una Oferta Grand Slam será difícil. Yo me hago la vida más fácil buscando mercados fáciles de captar. Ejemplos de ello son los avatares que pertenecen a asociaciones, que están en listas de difusión por correo electrónico, grupos en las redes sociales, canales que todos ven, etc. Si nuestros clientes potenciales están reunidos en algún sitio, podemos dirigirnos a ellos. Sin embargo, si buscarlos es como encontrar agujas en un pajar, entonces puede ser muy difícil hacer que tu oferta llegue a alguna persona potencialmente interesada.

Este punto es táctico. Es realidad, no teoría. Por ejemplo, puede que *quieras* servir a médicos ricos. Pero si muestras tus anuncios a estudiantes de enfermería, tu oferta caerá en saco roto, por excelente que sea. Punto principal: debes asegurarte de que puedes dirigirte fácilmente a tu público ideal. *(Aclaración: no hay ningún problema en querer dirigirse a médicos ricos, son fáciles de encontrar. Esto sólo ilustra que tus promociones deben servir al público adecuado).*

4) Crecimiento

Los mercados en crecimiento son como un viento de cola. Hacen que todo avance más rápido. Los mercados en declive son como vientos en contra. Dificultan todos los esfuerzos. Este fue el ejemplo de Lloyd. Los periódicos tenían tres de las cuatro características de un gran mercado: (1) mucho dolor, (2) poder adquisitivo, (3) fácil de captar. Pero estaban disminuyendo (rápidamente). Por mucho que lo intentara, todo el mercado luchaba contra él. Los negocios son difíciles de por sí, y los mercados se mueven con rapidez. Así que más vale encontrar un buen mercado que te dé viento de cola para facilitar el proceso.

Copyright © 2023 por ACQUISITION.COM, LLC - PROHIBIDA SU DISTRIBUCIÓN

Cómo hacerlo realidad

Hay tres mercados principales que siempre existirán: Salud, Riqueza y Relaciones. La razón por la que siempre existirán es que siempre hay un dolor tremendo cuando se carece de ellos. Siempre hay demanda de soluciones para estos dolores humanos fundamentales. El objetivo es encontrar un subgrupo más pequeño dentro de uno de esos grupos más grandes que esté creciendo, tenga poder adquisitivo y sea fácil de captar (las otras tres variables).

Así que, si yo fuera un experto en relaciones tratando de encontrar mi avatar, preferiría centrarme en el *coaching* de "relaciones en la segunda mitad de la vida" para personas mayores que en ayudar a estudiantes universitarios en sus relaciones. ¿Por qué? Porque es probable que las personas mayores que están solas sufran más, ya que están más cerca de la muerte (dolor), tienen más poder adquisitivo (dinero) y son fáciles de encontrar (objetivo). Por último, al momento de escribir estas líneas, hay más personas que cumplen 65 años cada año que las que cumplen 20 (en aumento).

Esta es la idea. Piensa en lo que se te da bien en relación con la salud, la riqueza y las relaciones. A continuación, piensa en quién podría valorar más tu servicio (quién sufre más), quién tiene el poder adquisitivo para pagar lo que *tú* quieres (dinero) y quién puede

Copyright © 2023 por ACQUISITION.COM, LLC - PROHIBIDA SU DISTRIBUCIÓN

encontrarse fácilmente (*targeting*). Mientras esos tres criterios sean sólidos *y* el mercado no disminuya, todo irá bien.

Pero, ¿hasta qué punto es importante para tu éxito encontrar un "gran mercado" vs. un "mercado normal" vs. un "mal mercado"? La respuesta: en realidad depende. Te lo explicaré.

Orden de importancia: Tres palancas para el éxito

Es poco probable que te encuentres en un mercado moribundo como el del ejemplo de los periódicos. Tampoco es probable que vayas a vender papel higiénico en una pandemia de COVID (frenesí de compra). Lo más probable es que estés en un mercado "normal". Y eso está muy bien. En los mercados normales se puede hacer fortuna. Mi único punto aquí es que no puedes estar en un "mal" mercado, o nada va a funcionar. Dicho esto, he aquí la ilustración más sencilla del orden de importancia entre los mercados, las ofertas y las habilidades de persuasión:

Multitud hambrienta (mercado) > Fuerza de la oferta > Habilidades de persuasión

Digamos que tienes que clasificar estos elementos en una escala de genial, normal y malo. Podríamos movernos por la línea de izquierda a derecha en orden de importancia. Una calificación "excelente" en un elemento de orden superior prevalece sobre cualquier otro de orden inferior en la escala de prioridades. Una puntuación "normal" mueve el dinero a la siguiente parte de la ecuación. Un puntaje "malo" detiene la ecuación *a menos que* un "muy bien" de un componente de mayor prioridad lo anule. Aquí tienes algunos ejemplos:

Ejemplo 1: Aunque tengas una mala oferta y seas malo persuadiendo, vas a ganar dinero si estás en un gran mercado. Si estás en una esquina vendiendo salchichas cuando los bares cierran a las dos de la madrugada, con una multitud de borrachos hambrientos, las venderás todas.

Ejemplo 2 (la mayoría de nosotros): Si estás en un mercado normal y tienes una Oferta Grand Slam (genial), puedes hacer toneladas de dinero aunque seas malo persuadiendo. Estas son la mayoría de las personas que leen este libro. Por eso lo escribí - para ayudarte a maximizar tu éxito aprendiendo a construir realmente una Oferta Grand Slam.

Ejemplo 3: Supongamos que estás en un mercado normal y tienes una oferta normal. Para tener un éxito masivo, *tendrías* que ser *excepcionalmente* bueno en persuasión. Entonces, y sólo entonces, tendrás éxito, y tu capacidad de persuasión será la clave de tu éxito. Muchos imperios fueron construidos por persuasores excepcionales. Es el camino más

Copyright © 2023 por ACQUISITION.COM, LLC - PROHIBIDA SU DISTRIBUCIÓN

difícil de seguir y el que requiere más esfuerzo y aprendizaje. Lograr la oferta adecuada te ayuda a acortar este camino hacia el éxito. De lo contrario, sólo tendrás un negocio normal que requiere una habilidad excepcional para tener éxito (no hay nada malo en ello, pero probablemente no sea lo que quieres).

Comprometerse con el nicho

Tengo un dicho cuando asesoro a empresarios en la elección de su mercado objetivo: *"No me hagas darte una bofetada de nicho"*.

Con frecuencia, cuando un empresario nuevo prueba a medias *una* oferta en un mercado, no gana un millón de dólares. Entonces piensa erróneamente, "este es un mal mercado". La mayoría de las veces no es así. Simplemente todavía no encontró una Oferta Grand Slam para aplicar a ese mercado.

Piensa: *voy a pasar de ayudar a los dentistas a ayudar a los quiroprácticos, ¡eso es!* Cuando, en realidad, ambos son mercados normales y representan miles de millones de dólares en ingresos. Cualquiera de los dos funcionaría, pero *no los dos*. Hay que *elegir uno*. Nadie puede servir a dos amos.

Acuñé la expresión "bofetada de nicho" para recordarles a los empresarios de mis comunidades que, una vez que eligen, deben comprometerse. Todas las empresas y todos los mercados tienen características desagradables. El pasto nunca es más verde cuando llegas al otro lado del cerco. Si vas saltando de nicho en nicho con la esperanza de que el mercado resuelva tus problemas, te mereces una *bofetada de nicho*.

Debes quedarte con lo que elijas el tiempo suficiente para probar y equivocarte. Fracasarás. De hecho, fracasarás hasta tener éxito. Pero fracasarás durante mucho más tiempo si cambias continuamente de destinatario, porque cada vez tendrás que volver a empezar desde el principio. Por lo tanto, elige y comprométete.

Copyright © 2023 por ACQUISITION.COM, LLC - PROHIBIDA SU DISTRIBUCIÓN

La riqueza está en los nichos

La otra razón para comprometerte con el nicho es lo mucho que ganarás. En pocas palabras, reducirte a un nicho hará que ganes mucho más dinero.

Nota del autor - Cuándo ampliar (consejo para la mayoría)

Para la mayoría, si ganas menos de 10 millones de dólares al año, reducirte a un nicho te hará ganar más dinero. Después de eso, dependerá de lo estrecho que sea el nicho, o lo que se llama MTA (mercado total accesible). En realidad, una empresa sólo puede crecer hasta cubrir el mercado total al que puede dirigirse. Dicho esto, para la mayoría, llegar a 10 millones de dólares por año ya es un logro del 0,4% (sólo 1 de cada 250 empresas lo consigue). Así que para el 99,6% de los lectores que están por debajo de los 10 millones de dólares al año, casi siempre es más fácil servir a *menos* clientes de forma *más estrecha*. Pero si quieres ir más allá, <u>*es posible*</u> (dependiendo del tamaño de tu MTA) que tengas que ampliar tu audiencia yendo mercado arriba, mercado abajo, o a un mercado adyacente, donde tus servicios existentes pueden proporcionar valor.

Para ponerlo en contexto, muchas empresas se han expandido hasta superar los 30 millones de dólares anuales sirviendo a un único nicho: quiroprácticos, gimnasios, fontaneros, empresas de energía solar, techadores, salones de belleza, etc. Si estás en $ 1M o $ 3M y piensas que has llegado al tope y debes ampliar tu negocio, te equivocas. Sólo tienes que ser mejor.

Cuando comprendí realmente cuánta *ganancia* estaba dejando sobre la mesa, cambió mi vida. Fue lo que me llevó de hacer adquisiciones para *cualquiera* a enseñárselas a un avatar específico. En mi caso, me decidí por el propietario de un micro-gimnasio con unos 100 socios, un contrato de alquiler firmado, al menos un empleado, y que quería ayudar a sus clientes a perder peso. Eso es bastante específico comparado con "dueños de pequeñas empresas" o "cualquiera que me pague", que es lo habitual. Y fui muy específico. En ese negocio (*Gym Launch*), rechazamos -y seguimos haciéndolo- a cualquiera que <u>no</u> sea ese avatar. Eso significa que no incluimos entrenadores personales, entrenadores en línea, etc.

¿Podría haberlos ayudado? Claro que sí. La mayoría de nuestra cartera está formada por empresas que no son gimnasios. Pero para mantener el foco en el producto y en los mensajes de alta conversión, saber *exactamente* a quién estaba dirigido el producto cambió

Copyright © 2023 por ACQUISITION.COM, LLC - PROHIBIDA SU DISTRIBUCIÓN

las reglas del juego. Nos ayudó a saber *exactamente* a quién le estábamos hablando en todo momento. Y *exactamente* qué problemas estábamos resolviendo.

Pero la simplicidad y la comodidad pueden no ser suficientes para convencerte, así que permíteme ilustrar por qué enfocarte en <u>un nicho te hará ganar más dinero</u>.

Motivo: literalmente puedes cobrar 100 veces más por *exactamente* el mismo producto. Dan Kennedy fue la primera persona que me lo ilustró, y haré todo lo posible por pasarte la antorcha en las siguientes páginas.

<u>Fijación de precios para un nicho:</u>

<u>Ejemplo</u>

Producto	Precio
Gestión del tiempo	$19
Gestión del tiempo para profesionales de ventas	$99
Gestión del tiempo para ventas negocio a negocio (o b2b, por sus siglas en inglés)	$499
Gestión del tiempo para representantes de ventas b2b de herramientas eléctricas y de jardinería	$1997

Dan Kennedy me enseñó esto (y cambió mi vida para siempre). Supongamos que vendes un curso genérico sobre Gestión del tiempo. A menos que seas un gran gurú de la gestión del tiempo con una historia convincente o única, será poco probable que esto se convierta en algo significativo. ¿Cuánto crees que vale "otro" curso de gestión del tiempo? ¿$ 19, $ 29? Claro. Nada del otro mundo. Digamos $ 19 a modo ilustrativo.

** Ahora daremos rienda suelta al poder de fijación de precios para un nicho en las distintas etapas de tu producto **

Imaginemos que haces el producto más específico, manteniendo los mismos principios, y lo llamas "Gestión del tiempo para profesionales de ventas". De repente, este curso pasa a ser para un tipo de persona más específico. Podríamos incluso vincular su aumento a una venta o a un trato más y valdría más. Pero hay muchos vendedores. Así que este podría ser un producto de 99 dólares. Genial, pero podemos hacerlo mejor.

Así que definamos aún más el nicho y llamemos a nuestro producto... "Gestión del tiempo para representantes de ventas b2b". Siguiendo los mismos principios de especificidad, ahora sabemos que nuestro personal de ventas probablemente tiene mucha experiencia en tratos y comisiones. Una sola venta le reportaría fácilmente a este vendedor 500 dólares (o más), por lo que sería fácil justificar un precio de 499 dólares. Esto ya es multiplicar por 25 el precio de un producto casi idéntico. Podría parar aquí, pero voy a dar un paso más.

Vamos a acotar el nicho a un último nivel... "Gestión del tiempo para representantes de ventas b2b de herramientas eléctricas y de jardinería". ¡Bum!

Piénsalo por un segundo, si fueras representante de ventas de herramientas eléctricas, pensarías "Esto está hecho exactamente para mí" y *con gusto* desembolsarías entre $ 1.000 y $ 2.000 por un programa de gestión del tiempo que te ayudara a lograr tus objetivos.

Las unidades del programa pueden ser las mismas que las del curso genérico de 19 dólares, pero de la forma en que han sido aplicadas, y como el mensaje de ventas va tan dirigido a este avatar, lo encontrará más convincente *y* obtendrá más valor real del programa. Este concepto se aplica a cualquier cosa que decidas hacer. Quieres ser "el tipo" que atiende a "este tipo de persona" o resuelve "este tipo de problema". Y estrechando el nicho aún más, "resuelvo este tipo de problema para este tipo específico de persona de esta manera única contra-intuitiva que revierte su miedo más profundo".

Por eso, un programa genérico de *fitness* para perder peso puede tener un precio de solo $ 19, mientras que un programa de *fitness* diseñado y comercializado sólo para enfermeras registradas que trabajan por turnos puede tener un precio de $ 1.997... (aunque el núcleo del programa sea probablemente similar: comer menos, moverse más).

Resultado final: El mercado importa. Tu nicho importa. Y si puedes vender el mismo producto a un precio 100 veces superior, ¿deberías hacerlo?

Dejaré que tú lo decidas.

Resumen

El propósito de este capítulo es reforzar dos cosas. Primero, no elijas un *mal* mercado. Los mercados normales están bien. Los mercados grandes son geniales. Segundo, una vez que elijas, comprométete con él hasta que lo resuelvas.

Si pruebas *cien ofertas, te prometo* que tendrás éxito. La mayoría nunca intenta nada. Otros fracasan una vez y se rinden. Se necesita resiliencia para tener éxito. ¡Deja de tomártelo personal! No se trata de ti. Si tu oferta no funciona, no significa que seas malo. Significa que tu oferta apesta. Hay una gran diferencia. Sólo apestas si dejas de intentarlo. Así que inténtalo de nuevo. Nunca llegarás a ser de clase mundial si te detienes después de un intento fallido.

Si encuentras un mercado demasiado bueno, aprovéchalo, y aprovéchalo de verdad. Y si combinas una Oferta Grand Slam con un mercado increíble, lo más probable es que nunca tengas que volver a trabajar en tu vida (en serio). Así que mantén este conjunto de habilidades -la capacidad de evaluar con precisión los mercados teniendo en cuenta el dolor, el dinero, la orientación y el crecimiento- en tu bolsillo para que, cuando caiga un rayo, puedas estar seguro de que caerá dos veces.

Una vez establecida la forma de detectar un mercado, volvamos a la fijación de precios. El primer paso para ganar dinero a lo loco es cobrar precios premium.

REGALO No. 2 TUTORIAL GRATUITO: MERCADOS GANADORES

Si deseas saber más acerca de cómo elegir mercados, y encontrar nichos rentables, entra a Acquisition.com/training/offers y luego ve a **"Mercados ganadores"** para ver un vídeo corto con el tutorial. También incluí una *Lista de verificación* gratuita para que compruebes cómo se mide tu mercado o nicho. Puedes escanear el código QR si no te gusta escribir. Es totalmente gratis. ¡Que lo disfrutes!

Copyright © 2023 por ACQUISITION.COM, LLC - PROHIBIDA SU DISTRIBUCIÓN

Fijación de precios: Cobra lo que vale

"Cobra el precio más alto que puedas decir en voz alta sin esbozar una sonrisa."

- Dan Kennedy

Una foto de la Cumbre de Gym Lords 2019 para nuestros dueños de gimnasios de más alto nivel, todos luciendo mi bigote a la moda.

Enero de 2019.

Veía todo negro. Sentía los ojos pegados. Estaba despierto pero sentía una fatiga en las sienes como si me hubieran atado un peso de dos kilos al cráneo que tiraba de mis párpados hacia abajo. Tuve que concentrarme a la fuerza para abrirlos.

En mis ojos penetraron los detalles de la habitación en penumbra. Rodé hasta el borde de la cama del hotel sintiendo todos y cada uno de los músculos de mi cuerpo a medida que mi peso se desplazaba. Acostado de lado, pude ver mi ropa esparcida por el suelo. La noche anterior había estado tan agotado que no me acordaba de haberme desvestido.

Copyright © 2023 por ACQUISITION.COM, LLC - PROHIBIDA SU DISTRIBUCIÓN

Acababa de terminar cinco días de una presentación tras otra. Dos días de presentaciones para nuestros clientes de más alto nivel, seguidos inmediatamente por dos días de planificación con toda nuestra empresa (más de 135 empleados).

El día anterior me había perdido una llamada de mi padre en *FaceTime*. No tenía nada en la agenda para la mañana. Así que me levanté, me puse un buzo con capucha y unos pantalones deportivos y salí al pasillo del hotel para devolverle la llamada. Tras las primeras palabras de cortesía, enseguida me explicó el motivo de su llamada: preocupación paterna.

"Vi la foto que subiste de todos tus clientes...", dijo, pero en un tono inusualmente preocupado. "Pensé que el evento era para tus clientes de más alto nivel. No sabía que era un gran evento. Parecía que había mil personas."

Solo en el pasillo y luchando por sacudirme todavía el peso del agotamiento, intenté calibrar de dónde venía su preocupación y a dónde quería llegar. Ya se lo había explicado. "Fue sólo para nuestros clientes de más alto nivel, no para todos nuestros clientes", le dije. "Sólo para los que pagan 42.000 dólares al año... nuestros *Gym Lords* ('Amos de los Gimnasios'), como te dije."

"¿Cada una de las personas de esa foto te pagó 42.000 dólares?" Sonaba casi asustado ante la idea.

"Sí, una locura ¿verdad?". Mi voz estaba ronca de días de hablar y miles de conversaciones de veinte segundos.

"¿Lo que haces es legal?", preguntó. *Guau. Esto se puso intenso rápidamente*, pensé. "¿Ellos saben que te están pagando tanto?"

"Sí, es legal. Y claro que lo saben. No es como desviar dinero por arte de magia."

"Es mucho dinero. Espero que lo que les das valga la pena."

Contemplé si valía la pena sumergirme en esto o simplemente ignorarlo. Pero sabiendo que esto iba a ser "un tema", inhalé profundamente y empecé a explicarle. "Si te hiciera ganar 239.000 dólares más este año, ¿me pagarías 42.000?" Le pregunté, utilizando "239.000 dólares" porque fue el aumento promedio en los ingresos de un gimnasio que usaba nuestros sistemas desde hacía 11 meses.

"Seguro", dijo, "si supiera que voy a recuperarlo. Pero, ¿qué tendría que hacer?"

"Unas 15 horas de trabajo a la semana."

"¿Y cuánto tiempo me llevaría ganar los 239.000 dólares?"

"Once meses."

"¿Y cuánto de los 42.000 dólares tendría que pagarte por adelantado?"

"Nada. Sólo me pagas cuando empieces a ganar dinero usando el sistema."

Vi cómo caía la ficha. Mi padre lo entendió. "Ah", dijo, "entonces, sí, lo haría."

"Bueno, por eso ellos también lo hacen."

***

Ganar toneladas de dinero le rompe la cabeza a cualquiera. Lleva sus mentes más allá de lo que creen posible y asumen que estás haciendo algo malo o ilegal. Literalmente "ni siquiera pueden imaginarlo".

¿Por qué? Porque piensan... *no puede ser tanto más listo que yo o trabajar tanto más duro que yo, así que ¿cómo es posible que gane 1.000 veces más que yo? Es tanto que me llevaría literalmente diez vidas ganar lo que este tipo gana en un año.*

En los tres años que me llevaron a escribir este libro, me llevé a casa más de 1.200.000 dólares por mes de ganancia. Cada. Mes. Eso es más que lo que ganan los Gerentes Generales de *Ford*, *McDonalds*, *Motorola* y *Yahoo*... juntos... cada año... como nada.

Los que creen que la vida no es justa se enojan. Los que no pueden entender y creen que tiene que haber habido un error, quedan confundidos. Y solo unos pocos elegidos, destinados a la grandeza, se inspiran.

Espero que te encuentres en la última categoría, porque es para ti para quien escribo esto.

Tú *puedes* hacerlo.

Sólo tienes que aprender *cómo*.

Y yo te lo voy a mostrar.

Discrepancia entre precio y valor

"Espero que lo que les das valga la pena."

Esas palabras posiblemente molesten a la mayoría, pero cuando mi padre me las dijo supe que no entendía el *valor* que estábamos aportando. Lo que quiero mostrarte es cómo crear y comunicar valor, es decir, si una oferta "lo vale".

Copyright © 2023 por ACQUISITION.COM, LLC - PROHIBIDA SU DISTRIBUCIÓN

Para entender cómo hacer una oferta irresistible, hay que entender lo que es el *valor*. La razón por la que las personas compran *algo* es porque quieren hacer un *buen negocio*. Creen que lo que reciben (VALOR) vale *más* que lo que dan a cambio (PRECIO). En el momento en que el valor que reciben cae por debajo de lo que pagan, dejan de comprarte. Esta discrepancia entre precio y valor es lo que hay que evitar a toda costa.

Al fin y al cabo, como dijo Warren Buffet, "Precio es lo que pagas. Valor es lo que obtienes."

DISCREPANCIA PRECIO-VALOR

La forma más simple de aumentar la brecha entre precio y valor es bajando el precio. También, la mayoría de las veces, es la decisión equivocada para el negocio.

Conseguir que la gente compre NO es el objetivo de una empresa. El objetivo es ganar dinero. Y, para la mayoría, bajar el precio es un camino de ida hacia la destrucción: sólo se puede bajar hasta $ 0, pero se puede subir infinitamente en el otro sentido. Así que, a menos que tengas una forma revolucionaria de reducir tus costos a una décima parte en comparación con tu competencia, no compitas en precio.

Como dijo Dan Kennedy: "No hay ningún beneficio estratégico en ser el segundo más barato del mercado, pero sí en ser el más caro."

Así que el objetivo de nuestra Oferta Grand Slam será conseguir que más gente diga que sí *a un precio más alto* aumentando nuestra discrepancia entre valor y precio. En otras palabras, subiremos el precio sólo *después* de haber aumentado nuestro valor lo suficiente. De este manera, seguirán haciendo un gran negocio (piensa en comprar 100.000 dólares de valor por 10.000). Es 'dinero con descuento'.

REGALO No. 3: TUTORIAL & DESCARGAS GRATUITOS:
Cobra lo que vale

Si deseas saber cómo genero discrepancias de valor para productos B2B o B2C, entra al curso de <u>Acquisition.com/training/offers</u> y luego ve a **"Cobra lo que vale"** para ver un tutorial corto en vídeo. Mi objetivo es ganarme tu confianza y ofrecerte valor por adelantado. También puedes escanear el código QR si no te gusta escribir. Es totalmente gratis. ¡Que lo disfrutes!

Copyright © 2023 por ACQUISITION.COM, LLC - PROHIBIDA SU DISTRIBUCIÓN   50

Por qué debes cobrar tanto que duela

La mayoría de los empresarios *no* compiten en precio o valor. De hecho, no compiten en nada. Su proceso de fijación de precios suele parecerse a esto:

1) Mirar el mercado

2) Ver lo que ofrecen los demás

3) Tomar el promedio

4) Bajar ligeramente para seguir siendo "competitivos"

5) Ofrecer lo que ofrece la competencia con un "poco más"

6) Terminan en una propuesta de valor de "más por menos"

Y el gran secreto: los competidores a los que copian están arruinados. *Entonces, ¿por qué copiarlos?*

Fijar el precio donde está el mercado significa que estás fijando el precio en función de la *eficiencia* del mercado. Con el tiempo, en un mercado eficiente, entran más competidores ofreciendo "un poco más por un poco menos", hasta que finalmente nadie puede ofrecer más por menos. En este punto, el mercado alcanza la eficiencia perfecta y los empresarios que participan ganan *lo justo* a fin de mes para seguir adelante. El 10-20% de los operadores que están en la parte baja de la escala desaparecen o pierden la voluntad de luchar. Entonces entran nuevos empresarios que no tienen ni idea y repiten el proceso de sus antecesores. Y así sucesivamente.

En palabras simples, fijar los precios de esta manera significa prestar un servicio justo por encima de lo que cuesta mantenerse a flote. *No* estamos tratando de permanecer apenas por encima del agua. Lo que pretendemos es ganar cantidades de dinero escandalosas que harán que en tu familia te pregunten si lo que estás haciendo es legal. Una vez más, no estamos tratando de conseguir el mayor número de clientes. <u>Intentamos conseguir la mayor cantidad posible de dinero</u>.

Dicho esto, no hay ninguna ventaja estratégica en ser el segundo operador con el precio más bajo del mercado. Déjame que te explique brevemente por qué considero que fijar precios premium no sólo es una decisión empresarial muy inteligente, sino también moral. Además, es la única opción que te permitirá ofrecer realmente el máximo valor, una posición única y fuerte en el mercado. Déjame que te presente el círculo virtuoso del precio.

El ciclo virtuoso del precio

VIRTUOSOS VS. VICIOSO CICLO DE PRECIO $

PRECIO ⬇	TUS CLIENTES	PRECIO ⬆
DISMINUCIÓN	INVERSIÓN EMOCIONAL	AUMENTO
DISMINUCIÓN	VALOR PERCIBIDO	AUMENTO
DISMINUCIÓN	RESULTADOS	AUMENTO
AUMENTO	EXIGENCIA	DISMINUCIÓ
DISMINUCIÓN	INGRESOS POR CUMPLIMIENTO POR CLIENTE	AUMENTO

PRECIO ⬇	TU NEGOCIO	PRECIO ⬆
DISMINUCIÓN	GANANCIA	AUMENTO
DISMINUCIÓN	VALOR PERCIBIDO DE MISMO	AUMENTO
DISMINUCIÓN	DISMINUCIÓN PERCEPCIÓN DE IMPACTO (RESULTADOS)	AUMENTO
DISMINUCIÓN	NIVELES DE SERVICIO	AUMENTO
DISMINUCIÓN	CONVICCIÓN DEL EQUIPO DE VENTAS	AUMENTO

Utilizo este marco en la mayoría de los materiales que publico porque es necesario reforzarlo constantemente. Las fuerzas del mercado harán chirriar tu sistema de creencias. Debes mantenerte fuerte e ignorarlas. Esta es la premisa básica de por qué *tienes* que cobrar más si quieres servir mejor a tus clientes.

Cuando bajas el precio...

...disminuyes la inversión emocional de tus clientes, porque no les costó mucho.

...disminuyes el valor que perciben los clientes de tu servicio, porque no puedes ser tan bueno si eres tan barato o tienes el mismo precio que los demás.

...disminuyes los resultados de tus clientes porque no valoran tu servicio y no inviertes en él.

... atraes a los peores clientes que *nunca* están satisfechos hasta que tu servicio sea *gratuito*.

... destruyes cualquier margen que te quede para poder ofrecer realmente una experiencia excepcional, contratar a los mejores, invertir en tu gente, mimar a tus clientes, invertir en crecimiento, invertir en más locales o ampliar tu negocio, y todo lo demás que esperabas con el objetivo de ayudar a más gente a resolver el problema que sea que resuelves.

En esencia, tu mundo apesta. Y para empeorar las cosas, tu servicio probablemente también apesta porque estás extrayendo sangre de la piedra proverbial. No queda dinero suficiente para hacer algo excepcional. Como resultado, caes en la horda de empresas promedio que se precipitan hacia el fondo. Ya viví esa vida. Es horrible. Si quieres a tus clientes y a tus empleados, por favor, deja de perjudicarlos cuando hay una forma mejor de hacer las cosas.

Aquí tiene todo lo contrario. Esto es lo que sucede cuando subes los precios.

Cuando subes los precios...

... *Aumenta* la inversión emocional de tus clientes

... *Aumenta* el valor percibido por los clientes de tu servicio

... *Aumentan* los resultados de tus clientes porque valoran tu servicio e invierten en él.

... Atraes a los *mejores* clientes, que son los *más fáciles* de satisfacer y, de hecho, cuesta menos cumplir con ellos, y que son los que tienen más probabilidades de recibir y percibir el mayor valor relativo.

... *Multiplicas* tu margen porque tienes dinero para *invertir* en sistemas para crear eficiencia; en personal inteligente; en mejorar la experiencia del cliente; en expandir tu negocio; y, lo más importante de todo, para seguir viendo cómo aumenta la cifra de tu cuenta bancaria personal, mes a mes, incluso reinvirtiendo en tu negocio. Esto te permite disfrutar del proceso a largo plazo y ayudar a más gente a medida que creces, en lugar de consumirte y caer en la oscuridad.

Para inclinar aún más la balanza a favor de los precios más altos, aquí tienes algunos conceptos interesantes. Cuando subes el precio, aumentas el valor que recibe el consumidor sin cambiar nada más de tu producto. Espera, ¿qué? Sí.

A mayor precio, mayor valor (literalmente)

En un experimento de cata a ciegas, los investigadores pidieron a los consumidores que valoraran tres vinos: uno de precio bajo, otro de precio medio y otro caro. A lo largo del estudio, los participantes valoraron los vinos con los precios visibles. Los calificaron, como era de esperar, por orden de precio, siendo el más caro el "mejor", el segundo más caro el "segundo mejor" y la tercera opción, la más más económica, el "vino barato".

Lo que los catadores no sabían es que los investigadores les dieron exactamente el mismo vino las tres veces. Sin embargo, los catadores informaron de una gran discrepancia entre el vino "caro" y el "barato". Esto tiene profundas implicaciones para la relación directa entre valor y precio.

En esencia, subir los precios puede aumentar directamente el valor que ofreces. Es más, cuanto más alto sea el precio, más atractivo será tu producto o servicio. La gente quiere comprar cosas caras. Sólo necesitan una razón. Y el objetivo no es solo estar ligeramente por encima del precio de mercado: el objetivo es estar tan por encima que el consumidor piense: "Esto es mucho más caro, aquí debe de haber algo totalmente diferente".

Así es como se crea una categoría única. En este nuevo mercado percibido tú eres un monopolio y puedes tener ganancias de monopolio. De eso se trata.

Un último punto que quiero dejar en claro: si ofreces un servicio en el que el cliente tiene que hacer algo para conseguir el resultado o resolver el problema que dices que solucionas, el cliente debe estar implicado. Cuanto más implicado esté, más probabilidades tendrá de obtener un resultado positivo. Por lo tanto, si te preocupas por tus clientes, debes conseguir que inviertan tanto como sea humanamente posible. En el mejor de los casos, esto significa fijar el precio de tus servicios o productos de forma que les *duela* un poco cuando compren. Ese dolor forzará y centrará su atención y su inversión en tu producto o servicio. Los que pagan más, prestan más atención. Y si tus clientes se adhieren más a tu producto y lo siguen, y si consiguen mejores resultados con tu servicio que con el de la competencia, entonces tú estás aportando de una forma muy real más valor que nadie. Así es como se gana.

Pero sé que no es fácil, y no debería serlo. Tu producto debe *cumplir*. Muchos quisieran saltearse el trabajo real. Hazlo y *fracasarás*. En el mundo real, para tener las "agallas" de cobrar precios altos, debes *trabajar de más para superar tus propias dudas*. Debes tener tanta confianza en tu entrega, porque lo has hecho *tantas veces*, que *sabes* que esa persona tendrá éxito. La experiencia es lo que te da la convicción para pedirle a alguien el sueldo de todo el año como pago. Debes creer tan profundamente en tu solución que cuando te mires al

Copyright © 2023 por ACQUISITION.COM, LLC - PROHIBIDA SU DISTRIBUCIÓN

espejo por la noche, a solas, tu convicción siga siendo inquebrantable. Permíteme resumir esta parte con mi experiencia personal.

Mi experiencia con precios premium

En mi primer negocio de consultoría de nichos - *Gym Launch* - enseño a los dueños de los gimnasios un mejor modelo de negocio. Antes de producir mis servicios de consultoría, volé a 33 gimnasios en 18 meses para hacer cambios completos.

Llegábamos, replanteábamos todo en el gimnasio y lo relanzábamos en 21 días. En promedio, aumentábamos las ventas en 42.000 dólares en 21 días. Fue salvaje. Mis honorarios eran el 100% de los ingresos.

En nuestro mejor momento, facturábamos ocho gimnasios al mes. Esto se convirtió rápidamente en una pesadilla logística. Después del desgaste de vivir en moteles mes tras mes, me dije que *tenía que haber una forma mejor de hacerlo.*

Un mes, teníamos programado ir a un gimnasio pero yo no quería ir. Así que les dije que íbamos a cancelar el compromiso. El dueño del gimnasio prácticamente me amenazó para que lo ayudara. Le dije que lo ayudaría, pero que él tendría que hacer todo el trabajo y yo le enseñaría cómo.

En treinta días, este gimnasio había ganado casi 44.000 dólares en nuevas ventas cobradas por adelantado (4 veces más que el mes anterior). Tan pronto como vi que podría duplicar mi proceso a distancia, sin tener que volar a donde estaba la gente... nuestro negocio explotó. Había encontrado el eslabón perdido porque mi agenda de viajes dejó de ser una limitación. Llegamos a venderle a más de 4.000 gimnasios más en los años siguientes (y seguimos sumando), utilizando un modelo *hecho-con-usted* en lugar de *hecho-para-usted*. Pero... volvamos a los precios premium.

Cuando entré en el sector, los competidores de bajo precio ofrecían servicios completos de marketing por 500 dólares al mes, y un único competidor de precio alto cobraba 5.000 dólares por su producto.

Yo quería ser líder en precios premium. Quería ser tan caro como para crear atractivo en torno a lo que hacíamos. Así que llegamos a ser tres veces más caros que el competidor con el precio más alto y 32 veces más caros que los competidores con el precio más bajo. Un precio de 16.000 dólares por un curso intensivo de 16 semanas. Luego vendimos al 35% de esas personas un contrato de tres años por 42.000 dólares anuales para ayudarlos a hacer crecer sus gimnasios.

Para contextualizar: El dueño promedio de un gimnasio gana 35.280 dólares al año. Si esa es la media, significa que la *mitad* gana incluso *menos* que eso. Así que muchos de ellos se estaban comprometiendo a la *mitad* de su salario anual *o más* para comprar nuestro programa. Y yo estaba vendiendo esto a hombres adultos siendo un chico de veintipocos años, diciéndoles que iba a ayudarles a ganar más dinero. Esto fue posible porque mi convicción era más fuerte que su escepticismo. *¿Cómo?*

Basándonos en una encuesta voluntaria realizada en nuestro último evento para toda la empresa, a la que respondieron 158 gimnasios, descubrimos que un gimnasio de *Gym Launch* que permanezca 11 meses en nuestro programa, experimentará en promedio las siguientes mejoras:

Aumento de los ingresos brutos: $ +19.932/mes ($ +239.000/año)

Aumento de los ingresos recurrentes: $ +13.339/mes ($ +160.068/año)

Crecimiento de la cuenta de resultados (ganancia): De $ 2.943/mes a $ 8.940/mes (¡3,1 veces!)

Aumento de clientes: +67

Pérdida de clientes (% de clientes que se dan de baja cada mes): Del 10,7 % al 6,8 %.

Ventas al por menor: $ +4.400/mes en ingresos por ventas de productos al por menor.

Precios: De $ 129/mes a $ 167/mes

La encuesta no hizo más que demostrar lo que ya sabía. Estaba totalmente convencido de nuestro producto. Sabía que funcionaba. *Había superado mis dudas.*

Resumen

¿Qué podemos concluir de todo esto?

Lo primero y más importante es que cobres una prima. Te permitirá hacer cosas que nadie más puede hacer para que tus clientes tengan éxito. Pudimos cobrar una prima porque aportábamos más valor que nadie en el sector. En realidad, cobramos una *fracción* de lo que nuestros clientes ganaban con nuestro sistema. Esto es importante. Nuestros clientes seguían haciendo un *buen negocio*. La diferencia entre lo que pagaban (precio) y lo que obtenían (valor) era enorme. Como resultado, el círculo virtuoso seguía girando. Cobrábamos más dinero. Proporcionábamos el mayor valor. Nuestros gimnasios seguían siendo los más competitivos, los que más dinero ganaban, los que siempre disponían de los últimos y mejores sistemas de adquisición y los que contaban con el apoyo necesario para implantarlos a la velocidad de un rayo.

Cometimos muchos errores por el camino, pero nuestro modelo de precios no fue uno de ellos. Me permitió hacer grandes apuestas, como se dice, 'sin perder la granja'. La verdad es que el 99% de las empresas necesitan subir sus precios para crecer, no bajarlos. El beneficio es oxígeno. Aviva el fuego del crecimiento. Lo necesitas si quieres llegar a más gente y tener un mayor impacto.

Pero para cobrar tanto, hay que aprender a crear un valor enorme. Vayamos a ello.

PARTE III
Valor - Crea tu oferta

Cómo hacer ofertas tan buenas que la gente se sienta tonta al decir que no

Oferta de valor: La ecuación del valor

"Cuestionamos todas nuestras creencias, menos aquellas en las que realmente creemos, y las que nunca pensamos en cuestionar."

- Orson Scott Card

Quiero ser muy claro: el objetivo debe ser cobrar tanto dinero por tus productos o servicios como sea humanamente posible. Hablo de cantidades exorbitantes de dinero. Dicho esto, cualquiera puede subir sus precios, pero sólo unos pocos elegidos pueden cobrar esas tarifas *y conseguir que la gente diga que sí*.

De aquí en adelante deberás abandonar cualquier noción que tengas sobre "lo que es justo". Todas las empresas enormes del mundo te cobran dinero por cosas que no les cuestan nada. A la compañía telefónica le cuesta centavos añadir un usuario más, pero no le importa cobrarte cientos al mes por el acceso. A las farmacéuticas les cuesta centavos fabricar medicamentos, pero no les importa cobrarte cientos de dólares al mes por ellos. Las empresas de medios de comunicación cobran a los anunciantes como si se tratara del rescate de un rey, y no les cuesta casi nada conseguir que te gusten las fotos de gatitos en las redes sociales. *Necesitas* que haya una gran discrepancia entre lo que te cuesta algo y lo que cobras por ello. Es la única forma de tener un éxito desmesurado.

Muchos empresarios creen que cobrar "demasiado" es malo. La realidad es que, sí, nunca debes cobrar más de lo que *vale t*u producto. Pero debes cobrar *mucho* más por tus productos y servicios de lo que cuesta realizarlos. Piensa hasta cien veces más, no sólo dos o tres veces más. Y si aportas suficiente *valor*, siempre será una *ganga* para el cliente potencial. Ese es el poder del valor. Desata un poder ilimitado de la fijación de precios y los beneficios para escalar tu empresa.

Por ejemplo, uno de mis clientes particulares (en cuya empresa tengo una participación) se dedica a la fotografía. Durante dos años, aplicando las tácticas descritas en este libro, el dueño fue capaz de aumentar el ticket medio de 300 dólares a 1.500 dólares. Eso es un aumento de 5 veces (sí, para quedar boquiabierto). Y lo que es mejor, ahora dedican menos tiempo a cada cliente y su satisfacción es *mayor*. El aumento de 5 veces en el ticket medio, multiplicó por 38 las ganancias de la empresa. Pasó de ganar $ 1.000/semana a $ 38.000/semana, y sigue creciendo. Como resultado, la empresa finalmente pudo seguir escalando, estableciéndose en muchos lugares y dándoles trabajo a buenos empleados. Y hubo un beneficio divertido, pudimos donar aún más dinero a organizaciones benéficas

Copyright © 2023 por ACQUISITION.COM, LLC - PROHIBIDA SU DISTRIBUCIÓN

para niños, algo que el propietario y yo tenemos en común (casi 500.000 dólares al momento de escribir esto). Pero nada de eso habría sido posible sin averiguar qué era lo que más valoraba la gente, triplicarlo y eliminar sin piedad todo lo demás. Aumentar los precios 5 veces puede parecerte una locura, pero los clientes votaron con sus dólares que lo que la empresa ofrece ahora es *mucho* mejor que lo que hacía antes. Descifrar el valor abre un mundo de beneficios, impacto y posibilidades ilimitadas.

Los que entienden el *valor* son los que podrán cobrar más dinero por sus servicios. La buena noticia es que existe una fórmula reproducible que he creado (no la he visto expuesta en ningún otro sitio) para ayudar a cuantificar las variables que crean valor para cualquier oferta. La llamo *La Ecuación del Valor*. Una vez que la conozcas, no podrás dejar de verla. Funcionará en tu subconsciente, en segundo plano, llamándote. Es una nueva lente a través de la cual ver el mundo.

La ecuación del valor

REGALO No. 4: TUTORIAL Y DESCARGAS GRATUITOS SOBRE LA ECUACIÓN DEL VALOR:

Si deseas saber cómo descompongo la oferta principal de una empresa en algo más valioso, entra a Acquisition.com/training/offers y selecciona el vídeo **"La Ecuación del Valor"** para ver un breve tutorial. También incluí una Lista de Verificación que puedes descargar. Mi objetivo es ganarme tu confianza y ofrecerte valor por adelantado. También puedes escanear el código QR si no te gusta escribir. Es totalmente gratis. ¡Que lo disfrutes!

Como puedes ver en la imagen, hay cuatro impulsores principales del valor. Hay que intentar aumentar dos de ellos (en la parte superior), e intentar reducir los otros dos (en la parte inferior):

(1) (¡Síí!) El resultado soñado (objetivo: Aumentar)

(2) (¡Síí!) Probabilidad de éxito percibida (objetivo: Aumentar)

(3) (¡Buu!) Tiempo percibido entre el inicio y el logro (objetivo: Disminuir)

(4) (¡Buu!) Esfuerzo y sacrificio percibidos (objetivo: Disminuir)

Si te has fijado en las preguntas de la última parte que me hizo mi padre, verás que se corresponden con estos pilares:

¿Qué voy a hacer? (Resultado soñado)

¿Cómo sabré qué va a suceder? (Probabilidad de éxito percibida)

¿Cuánto tardaré? (Tiempo de espera)

¿Qué se espera de mí? (Esfuerzo y sacrificio)

Llevar el fondo a cero

Cuando empecé mi carrera, centré toda mi atención en los resultados soñados y en la percepción del logro (prueba social, edificación de terceros, etc.). En otras palabras, en la parte superior de la ecuación. Ahí es donde los especialistas en marketing principiantes se afirman cada vez más. Es fácil y no requiere demasiado esfuerzo.

Pero, con el paso del tiempo, me di cuenta de que estas afirmaciones más grandes que la vida misma son las más fáciles de establecer (por lo tanto, son menos únicas). Al fin y al cabo, cualquiera puede hacer una promesa. Las más difíciles y más competitivas son las de Tiempo de espera y Esfuerzo y Sacrificio. Las mejores empresas del mundo concentran toda su atención en la parte inferior de la ecuación. Hacer que las cosas sean inmediatas, fluidas y sin esfuerzo. *Apple* hizo el *iPhone* sin esfuerzo en comparación con otros teléfonos de la época. *Amazon* hizo posible comprar solo pulsando un botón *y* que los productos llegaran casi inmediatamente (cuando leas esto quizás *Amazon* ya esté enviando drones a nuestras puertas en 60 minutos). *Netflix* hizo que consumir televisión fuera inmediato y sin esfuerzo. Así que, cuanto más mayor me hago, más me estoy enfocado en "lo difícil": disminuir la parte inferior de la ecuación. Y creo que cuanto mejor lo hagas, más te recompensará el mercado.

Nota final: La razón de que esta sea una ecuación de división y no de suma ("+") es que quiero transmitir un punto clave. Si puedes reducir la parte inferior de la ecuación a cero, estás listo. No importa lo pequeña que sea la parte superior, cualquier cosa dividida por cero es igual a infinito (lo cual técnicamente significa indefinido, para los *friquis* de las matemáticas). En otras palabras, si puedes reducir a cero el tiempo real que tardan tus clientes potenciales en recibir valor (es decir, si consigues el resultado soñado de inmediato), y tu esfuerzo y sacrificio son cero, tienes un producto infinitamente valioso. Si lo consigues, ganas la partida.

Según este postulado, un cliente potencial (en teoría) te compraría algo, y en el momento en que se debitara el monto de su tarjeta de crédito, eso se convertiría inmediatamente en su realidad. *Eso* es valor infinito.

Imagínate que pulsas el botón de compra de un producto para adelgazar y al instante ves cómo tu abdomen se reduce y se te marcan los músculos. O imagínate que contratas a una empresa de marketing y, en cuanto firmas el contrato, tu teléfono empieza a sonar con nuevos clientes potenciales altamente calificados. ¿Qué valor tendrían estos productos/servicios? Serían infinitamente valiosos. Y esa es la cuestión.

Copyright © 2023 por ACQUISITION.COM, LLC - PROHIBIDA SU DISTRIBUCIÓN

No sé si los empresarios llegaremos alguna vez a ese punto, pero ese es el límite hipotético al que todos deberíamos aspirar, y la razón por la que estructuré la ecuación de esta manera.

La percepción es la realidad

La percepción es la realidad. No se trata de cuánto aumentes la probabilidad de éxito de tu cliente potencial, o reduzcas el tiempo de espera hasta el logro, o disminuyas su esfuerzo y sacrificio. Eso en sí mismo *no* es valioso. Muchas veces, no tendrán ni idea. La Oferta Grand Slam sólo se convierte en valiosa cuando el cliente potencial *percibe* el aumento de la probabilidad de éxito, *percibe* la disminución del tiempo de espera y *percibe* la disminución del esfuerzo y el sacrificio.

Un buen ejemplo de esto ocurrió en el sistema de túneles de Londres. El mayor aumento de la satisfacción de los usuarios (también conocido como *valor*) nunca se debió a los trenes más rápidos que redujeran los tiempos de espera. En su lugar, fue un simple mapa de puntos que les indicaba cuándo llegaba el siguiente tren y cuánto tiempo tenían que esperar. El mapa de puntos, que sólo costó unos pocos millones de dólares, redujo la *percepción* del retraso y el sacrificio de los viajeros (aburrirse esperando) más que hacer los trenes más rápidos (que cuesta miles de millones de dólares). ¿No es genial? Así es como tenemos que pensar respecto a nuestros productos.

Consejo profesional: Soluciones lógicas vs. psicológicas

De forma natural, la mayoría de las personas intenta resolver los problemas utilizando soluciones *lógicas*. Pero las soluciones lógicas normalmente ya se han intentado... porque son lógicas (es lo que todo el mundo intentaría y haría).

Como empresario y emprendedor cada vez me planteo más los problemas para encontrar soluciones *psicológicas*, en lugar de *lógicas*. Porque si hubiera una solución lógica, probablemente ya se habría resuelto, eliminando así el problema. Sólo quedan los problemas *psicológicos*.

Ejemplos inspirados en Rory Sutherland, Gerente de Marketing de *Ogilvy Advertising*:

"Cualquier tonto puede vender un producto ofreciéndolo con descuento, hace falta un gran marketing para vender el mismo producto con un sobreprecio."

Solución lógica: hacer que los trenes sean más rápidos para aumentar la satisfacción

Solución psicológica: disminuir el dolor de la espera añadiendo un mapa de puntos

Solución psicológica: pagar a modelos para que sean las azafatas del viaje (¡la gente desearía tardar más en llegar a su destino!)

Solución lógica: hacer que el ascensor sea más rápido

Solución psicológica: añadir espejos del piso al techo para que la gente se distraiga mirándose y olvide cuánto tiempo ha estado en el ascensor

Solución lógica: hacerlo más barato

Solución psicológica: fabricar menos y subir el precio, lo cual hace que la gente lo desee más

A menudo, las soluciones más lógicas se han probado y han fracasado. En este momento de la historia debemos dar una oportunidad a las soluciones psicológicas para resolver los problemas.

Por lo tanto, como empresarios, nos corresponde a nosotros comunicar estos factores de valor con claridad para aumentar la percepción de estas realidades por parte del cliente potencial. La medida en que respondamos a estas preguntas en la mente de nuestro cliente potencial determinará el valor que estemos creando. Sólo entonces podremos darnos cuenta del valor real de nuestro producto en el mercado y, por extensión, de los precios exorbitantes que queremos cobrar.

Es difícil separar los cuatro impulsores de valor entre sí, ya que la mayoría de los vehículos combinan muchos de estos elementos a la vez, pero haré todo lo posible por aislar y explicar claramente cada uno de ellos a continuación.

No. 1. Resultado soñado (Meta = Aumentarlo)

La gente tiene deseos profundos e inmutables. Por eso se pierden matrimonios, se pelean guerras y la gente está dispuesta a morir por ello. Nuestro objetivo no es crear deseo. Es simplemente canalizar ese deseo a través de nuestra oferta y vehículo de monetización.

El resultado soñado es la expresión de los sentimientos y experiencias que el cliente potencial ha imaginado en su mente. Es la diferencia entre su realidad actual y sus sueños. Nuestro objetivo es representarles con precisión ese sueño, para que se sientan comprendidos, y explicarles cómo nuestro vehículo les llevará hasta allí.

El resultado soñado es sencillo; es el "cómo llegar" a lo que aumenta o disminuye el valor.

La gente en general, y nuestros clientes en particular, quieren:

... Ser percibidos como bellos

... Ser respetados

... Ser percibidos como poderosos

... Ser amados

... Aumentar su *estatus*

Todos estos son motores poderosos.

Pero varios vehículos pueden lograr lo mismo. Tomemos como ejemplo el deseo de "*ser percibido como bello*", aquí hay muchas cosas que tocan este deseo:

Maquillaje

Cremas/sueros antiedad

Suplementos

Ropa moldeadora

Cirugía plástica

Ejercicio

→ Todos estos vehículos canalizan el deseo de ser percibidos como bellos.

Y si desgranamos un poco más la idea del deseo de ser bello, vemos que puede ser una declaración superficial de un deseo más profundo de alcanzar un estatus más alto en el propio grupo social.

El impulsor de valor del resultado soñado se utiliza sobre todo para comparar el valor relativo de *la satisfacción de dos deseos distintos*. En general, el resultado soñado que más directamente aumente el estatus de un posible cliente será el que más valore. Así, un cliente potencial puede valorar más la categoría de vehículos que satisfagan un deseo que otra categoría que satisfaga un deseo diferente. Para muchos hombres, ganar dinero es más importante que ser guapo. ¿Por qué? Porque el dinero les da más estatus que ser guapos. Así que, en general, valorarán más todas las ofertas que les hagan ganar dinero que las que les ayuden a estar guapos.

Una vez escuché a Russell Brunson contar una historia sobre este concepto. Explicó cómo su mujer, Collette, al oír hablar por primera vez de este concepto de estatus, lo rechazó. Afirmó que a ella no la movía el estatus y que nunca querría conducir un Lamborghini. En cambio, prefería su furgoneta. Pero, después de seguir hablando, reveló que era porque conducir un Lamborghini disminuiría su estatus entre sus amigas madres, mientras que conducir una furgoneta demostraría que era una buena madre (aumento del estatus). Así que no se trata de dinero, sino de *estatus (el aumento o la disminución percibidos de la posición relativa en comparación con otros social o profesionalmente)*. Habla en términos de cosas que tus clientes potenciales crean que aumentarán su estatus y los tendrás babeando.

Consejo profesional: Enmarcar los beneficios en términos del estatus ganado *desde el punto de vista de los demás*.

Al redactar un texto puedes darle mucha más fuerza si hablas de cómo percibirán *los demás* los logros del cliente potencial. Conecta los puntos por ellos. Por ejemplo: Si compras este palo de golf tu drive aumentará 40 metros. Tus compañeros de golf se quedarán boquiabiertos cuando vean que tu bola vuela 40 metros más allá de la suya... te preguntarán qué ha cambiado... sólo tú lo sabrás.

Dicho esto, al comparar dos productos o servicios que satisfacen el *mismo* deseo, el valor del resultado soñado se anulará (puesto que son iguales). Serán las otras tres variables las que determinen la diferencia del valor percibido y, en última instancia, el precio. Por ejemplo, si tenemos dos productos o servicios que ayudan a embellecer a alguien, serán la probabilidad de conseguirlo, el tiempo de espera y el esfuerzo necesario los que diferenciarán el valor percibido de cada oferta.

En pocas palabras: si dos cosas embellecen a alguien, ¿qué hace que una valga 50.000 dólares y otra 5? La respuesta: El alcance de las otras tres variables de valor.

No. 2. Probabilidad de éxito percibida (Meta = Aumentarla)

Esta fue la última de las variables que incorporé cuando intenté pensar en este marco hace unos años. Sentía que faltaba algo además de las otras tres.

Entonces me di cuenta de que la gente paga por la certeza. Valoran la certeza. Yo lo llamo "probabilidad de éxito percibida". En otras palabras: "¿Qué probabilidad creo que tengo de conseguir el resultado que busco si hago esta compra?"

Por ejemplo, ¿cuánto pagaría por ser el paciente número 10.000 de un cirujano plástico en lugar del primero?

Si eres una persona normal y cuerda, mucho más. Es decir, incluso podrías pedirles que te pagaran si fueras el primer paciente.

Este sencillo ejemplo demuestra que, aunque el servicio que se recibe es técnicamente el mismo, lo único que cambia es la probabilidad de obtener lo que se deseas.

Ambos cirujanos tardan lo mismo en hacer la operación (en todo caso, el que la ha hecho 10.000 veces probablemente la haría más rápido y *aun* así cobraría *más*). El cirujano con más experiencia tiene un historial de resultados, lo que incentiva su conveniencia.

La gente valora esta probabilidad de éxito percibida. Aumentar la convicción de un cliente potencial de que tu oferta "realmente" funcionará para él hará que tu oferta sea mucho más valiosa, aunque el trabajo de tu parte siga siendo el mismo. Por lo tanto, para aumentar el valor de todas las ofertas, debemos comunicar la probabilidad de éxito percibida a través de nuestros mensajes, pruebas, lo que decidimos incluir o excluir en nuestra oferta y nuestras garantías (volveremos sobre esto más adelante).

Copyright © 2023 por ACQUISITION.COM, LLC - PROHIBIDA SU DISTRIBUCIÓN

No. 3. Tiempo de espera (Meta = Reducirlo)

La demora es el tiempo que transcurre entre que un cliente compra y recibe el beneficio prometido. Cuanto menor sea la distancia entre el momento de la compra y el momento en que el cliente recibe el valor o el resultado, más valiosos serán tus servicios o productos.

Este factor de valor consta de dos elementos: El resultado a largo plazo y la experiencia a corto plazo. Muchas veces, hay experiencias a corto plazo que se producen en el camino hacia los resultados a largo plazo. Ocurren "por el camino" y aportan valor.

Es bueno comprender ambas cosas. Lo que la gente *compra* es el valor a largo plazo, es decir, el "resultado soñado". Pero lo que les hace *quedarse* el tiempo suficiente para conseguirlo es la experiencia a corto plazo. Se trata de pequeños hitos que el cliente potencial ve a lo largo del proceso y que le demuestran que va por buen camino. Intentamos vincular el mayor número posible de ellos a cualquier servicio que ofrecemos. Queremos que los clientes obtengan una gran victoria emocional al principio (lo más cerca posible del momento de la compra). Esto les proporciona la confianza emocional y el impulso necesarios para alcanzar su objetivo final.

Por ejemplo, se tarda un tiempo en lograr ganancias de 239.000 dólares por año para un gimnasio. Pero eso es lo que compran. Así que, una vez que han comprado, tenemos que crear victorias emocionales rápidamente. Una forma de hacerlo es publicar sus anuncios y conseguir que cierren su primera venta de 2.000 dólares en los primeros siete días. De esta manera, su decisión de trabajar con nosotros se ve reforzada e inmediatamente confían más en nosotros. Esto hace que sea más probable que sigan el resto de nuestros sistemas y lleguen a su destino final.

Consejo profesional: Beneficios rápidos

Intenta siempre incorporar ganancias inmediatas a corto plazo para un cliente. Sé creativo. Lo único que necesitan es saber que van por el buen camino y que han tomado la decisión correcta al confiar en ti y en tu empresa.

Te daré otro ejemplo. Si le vendo a alguien un cuerpo soñado con el que pueda usar un pequeño bikini, el tiempo que tardará en lograrlo podría ser de 12 meses o incluso más. Por el camino, sin embargo, a medida que su cuerpo vaya cambiando, podría experimentar un mayor deseo sexual, más energía y ampliar su círculo de amigos.

Al principio no están comprando esas cosas, pero pueden convertirse en beneficios a corto plazo que los mantengan en el juego el tiempo suficiente para lograr su resultado final. Compran el sueño, pero se quedan por los beneficios que descubren por el camino. Cuanto más rápida y claramente puedas demostrar esos beneficios, más valioso será tu servicio. En el caso de un cliente vinculado a pérdida de peso, le hacíamos conocer a otra persona para que obtuviera inmediatamente algunos beneficios sociales del programa, y normalmente le dábamos una dieta más agresiva al principio. ¿Por qué? Porque queríamos que obtuvieran una victoria emocional rápida y contundente para que se comprometieran a largo plazo. Esto también está respaldado por la ciencia. Las personas que experimentan una victoria al principio tienen más probabilidades de continuar con algo que las que no.

Dicho esto, tener que esperar de 12 a 24 meses para conseguir lo que quieres es mucho tiempo cuando te puedes hacer una liposucción y terminar en una tarde. Esto muestra sólo una de las razones por las que las personas pagan $ 25.000 por una liposucción con abdominoplastia, mientras que apenas pagarán $ 100/mes para unirse a un programa de entrenamiento.

Pero esa no es la única razón, ¿verdad?

Eso me lleva al último impulsor del valor: el esfuerzo y el sacrificio.

Consejo profesional: Lo rápido le gana a lo gratis

Lo único que supera a lo que es "gratis" es lo "rápido". La gente paga por la velocidad. Muchas empresas han entrado en espacios gratuitos y les ha ido muy bien con una estrategia de "velocidad ante todo". Algunos ejemplos notables: Los dos tipos de permisos para conducir, MVD vs. DMV, que implican esperar en fila para siempre o pagar $ 50, saltearte la fila y renovar tu licencia de manera particular. *FedEx* frente a *USPS* (cuando es vital que el envío llegue de un día para otro). *Spotify* vs. *Slow Free Music* (música lenta gratis). *Uber* vs. caminar. Lo rápido le gana a lo gratis. Muchos estarán siempre dispuestos a pagar (precio) por el (valor) de la velocidad. Así que si te encuentras en un mercado en el que compites contra lo gratuito, apuesta el doble por la velocidad.

No. 4. Esfuerzo y Sacrificio (Meta = Reducirlos)

Esto es lo que "cuesta" a la gente en costos accesorios, también conocidos como "otros costos acumulados por el camino". Estos pueden ser tanto tangibles como intangibles.

Utilizando el ejemplo del *fitness,* o ejercicio físico, versus la liposucción, veamos la diferencia en términos de esfuerzo y sacrificio:

Esfuerzo y Sacrificio en el *Fitness*:	Esfuerzo y Sacrificio en la Liposucción:
Despertarte una o dos horas más temprano por la mañana	Seguir durmiendo
De cinco a diez horas por semana de tiempo perdido	Despertarte delgado, garantizado
Dejar de comer comida que amas	Sentir dolor durante dos a cuatro semanas
Hambre constante	
Dolor físico	
Sentimientos de vergüenza por no saber cómo ejercitarte	
Riesgo de lesiones	
Náuseas durante el ejercicio	
Preparar comidas especiales	
Nuevos alimentos/ más caros	
Ropa nueva (puede ser un beneficio para algunas personas)	
Miedo a recuperar los kilos perdidos después de todo este esfuerzo (impermanencia)	
Etc...	

Hay una diferencia enorme, ¿verdad?

De hecho, al observar el marketing de los cirujanos plásticos, estos son exactamente los puntos de dolor en los que inciden cuando dicen cosas como: *"¿Cansado de perder incontables horas en el gimnasio? ¿Cansado de probar dietas que no funcionan?"*.

Por eso, cuando vendes *fitness*, tienes que pasarte una hora pulseando con un cliente para que te dé entre una décima y una centésima parte de la cantidad de dinero que paga por una cirugía. Simplemente no hay mucho valor percibido porque la probabilidad percibida de logro, el tiempo que se tarda en conseguirlo y el esfuerzo y sacrificio son muy altos.

Así que, aunque el resultado sea el mismo, el valor de los vehículos es radicalmente distinto, de ahí la diferencia de precio.

Reducir el esfuerzo y el sacrificio o, al menos, el esfuerzo y el sacrificio percibidos, puede aumentar enormemente el atractivo de tu oferta.

En un mundo ideal, un cliente potencial querría simplemente "decir que sí" y que el resultado soñado se produjera sin más esfuerzo por su parte.

Esta es la razón por la que los "servicios hechos para usted" son casi siempre más caros que los servicios de tipo "hágalo usted mismo", porque la persona no tiene que hacer todo el esfuerzo y el sacrificio. También hay un componente de diferencia en la "probabilidad de éxito percibida". La gente cree que si lo hace un experto, tendrá más probabilidades de lograr el resultado que si lo intenta por su cuenta.

Espero que ahora tengas una comprensión básica de los componentes del valor y de cómo la interacción entre cada uno de ellos crea o resta valor a lo que alguien podría estar dispuesto a pagar.

Combinemos los elementos

Como he dicho antes, estos elementos de valor no se dan en el vacío. Se dan juntos, combinados. Veamos algunos ejemplos que utilizan los cuatro componentes del valor a la vez.

En un esfuerzo por cuantificar el valor, los clasificaré en una escala binaria de 0 o 1. Uno (1) es valor conseguido. Cero (0) es la ausencia de valor. A continuación, sumaré los cuatro para ofrecer una clasificación del valor relativo de un tipo de servicio. Nuestro objetivo como vendedores y propietarios de empresas es *aumentar* el valor del resultado soñado y su probabilidad de éxito percibida, al tiempo que *disminuimos* el tiempo de espera y el esfuerzo y sacrificio que hay que hacer para conseguirlo.

Copyright © 2023 por ACQUISITION.COM, LLC - PROHIBIDA SU DISTRIBUCIÓN

Para empezar voy a realizar una comparación horizontal de dos "vehículos" con idénticos resultados, el Sueño: la meditación y el *Xanax*. Ambos ofrecen al comprador relajación, disminución de la ansiedad y sensación de bienestar. Voy a demostrar cómo las otras tres variables cambian drásticamente el valor de la entrega de ese resultado soñado y, en última instancia, el precio.

Ejemplo: Resultado Soñado: "Relajación", "Disminución de la ansiedad", "Sensación de bienestar" *Meditación vs. Xanax*

Medida de valor	Meditación	Puntaje	*Xanax*	Puntaje
Resultado soñado	"Relajación" "Disminución de la Ansiedad" "Sensación de Bienestar"	1/1	"Relajación" "Disminución de la Ansiedad" "Sensación de Bienestar"	1/1
Probabilidad de éxito percibida	Baja, ya que la mayoría de las personas se distrae y no cree que vaya a seguir con la meditación diaria.	0/1	Alta, ya que la mayoría de las personas confían en que si toman la píldora se sentirán más relajados.	1/1
Tiempo de espera	Mucho tiempo para obtener resultados a largo plazo. Algunos beneficios inmediatos después de 10 a 20 minutos (suponiendo que no te frustras).	0.5/1	15 minutos para sentir los efectos.	1/1
Esfuerzo y Sacrificio	Malestar físico (miembros del cuerpo a menudo entumecidos). Malestar mental (sensación de fracaso constante). Sacrificio de tiempo (tienes que reservar tiempo todos los días para hacerlo).	0/1	Tomar la pastilla.	1/1
Valor total	**Bajo**	1.5/4	**Alto**	4/4

Y es por eso que el *Xanax* es un producto multimillonario mientras que no conozco casi ningún negocio multimillonario de meditación... valor.

No estoy aquí para discutir si la meditación es mejor que el *Xanax* (obviamente lo es), pero eso no significa que se la perciba como más valiosa.

Copyright © 2023 por ACQUISITION.COM, LLC - PROHIBIDA SU DISTRIBUCIÓN

Esta es también la razón por la que la industria de los suplementos (123.000 millones de dólares, *Grandview Research*) es el doble de grande que la industria de los gimnasios (62.000 millones de dólares, *IHRSA*). Ambos logran los mismos objetivos percibidos - "estar sano", "perder peso", "tener buen aspecto físico", "aumentar la energía", etc.-, pero uno se percibe como más valioso que el otro porque tiene "costos" más bajos.

La gente está más dispuesta a pagar 200 dólares por suplementos que 29 dólares al mes por una suscripción al gimnasio. Tomar una pastilla o un batido es mucho más rápido y fácil que ir al gimnasio todos los días. Por lo tanto... es valorado.

Es el mundo loco en el que vivimos.

Y puedes sentarte ahí y publicar "quejas" sobre cómo la gente "debería" ser de tal o cual manera. O puedes aprovecharte de cómo *es* la gente y obtener ventajas de ello. Este libro es para quienes quieren ser vencedores, no víctimas de las circunstancias.

Puedes tener razón o puedes ser rico. Este libro es para hacerte rico. Si eso te molesta, deja este libro y ponte a discutir sobre la naturaleza humana. Pista: no vas a cambiarla.

Ahora bien, dicho esto, saber lo que la gente valora frente a lo que es bueno para ellos es clave. Significa que puedes encontrar formas de monetizar las cosas que la gente valora para darles lo que realmente necesitan.

Se trata de una situación en la que todos ganan.

Puedes dejar una huella en el universo *mientras* obtienes beneficios.

Llamado a la solidaridad

"Quien haya dicho que el dinero no puede comprar la felicidad, no ha dado lo suficiente."

- Anónimo

Las personas que ayudan a los demás (sin ninguna expectativa) experimentan mayores niveles de satisfacción, viven más tiempo *y* ganan más dinero. Me gustaría crear la oportunidad de entregarte este valor durante tu experiencia de lectura o escucha. Para ello tengo una simple pregunta para ti...

¿Ayudarías a alguien que nunca has conocido, si no te costara dinero, aunque nunca recibieras crédito por ello?

Si es así, tengo una "petición" que hacer en nombre de ese alguien a quien no conoces. Y que probablemente nunca conozcas.

Son como tú, o como eras hace unos años: menos experimentados, llenos de ganas de ayudar al mundo, buscan información pero sin saber dónde buscar....ahí es donde entras tú.

La única forma que tenemos en *Acquisition.com* de cumplir nuestra misión de apoyar a los emprendedores es, en primer lugar, llegar a ellos. Y la mayoría de la gente juzga al libro por su portada (y por sus reseñas). Si este libro te ha parecido valioso hasta ahora, ¿podrías dedicar un momento a dejar una reseña sincera sobre él y su contenido? Te costará cero dólares y menos de 60 segundos.

Tu reseña ayudará a que...

....un emprendedor más mantenga a su familia.

....un empleado más encuentre un trabajo que le resulte significativo.

....un cliente más experimente una transformación que de otro modo nunca habría encontrado.

....una vida más cambie para mejor.

Copyright © 2023 by ACQUISITION.COM LLC NOT FOR DISTRIBUTION

Para que eso ocurra... lo único lo que tienes que hacer es... y esto lleva menos de 60 segundos... dejar una reseña.

Si estás en *Audible*, pulsa los tres puntos en la parte superior derecha de tu dispositivo, haz clic en "Valorar y dejar reseña" y escribe unas frases sobre el libro con una valoración de estrellas.

Si lo lees en *Kindle* o en un lector electrónico, puedes desplazarte hasta el final del libro y deslizar el dedo hacia arriba para que aparezca automáticamente una sugerencia de reseña.

Si por alguna razón han cambiado la funcionalidad, puedes ir a la página del libro en *Amazon* (o donde lo hayas comprado) y dejar una reseña directamente en la página.

P.D. - Si te sientes bien ayudando a un emprendedor sin rostro, eres mi tipo de gente. Me ilusiona poder seguir ayudándote a ti en los próximos capítulos (te encantarán las tácticas que vamos a tratar).

P.D. 2 - Truco de vida: si le presentas algo valioso a alguien, esa persona asociará ese valor contigo. Si quieres recibir buena voluntad directamente de otro emprendedor, recomiéndale este libro.

Gracias de todo corazón. Ahora volvemos a nuestra programación habitual.

- Tu mayor fan, Alex.

Copyright © 2023 por ACQUISITION.COM, LLC - PROHIBIDA SU DISTRIBUCIÓN

Oferta de valor: El proceso de pensamiento

"Si a la primera no lo consigues, inténtalo, inténtalo y vuelve a intentarlo."

- Thomas H. Palmer, Manual del Maestro

Quiero hacer un ejercicio contigo ahora mismo. Quiero mostrarte la diferencia entre la resolución de problemas convergente y divergente. ¿Por qué? Para que realmente puedas crear la Oferta Grand Slam que se convertirá en la piedra angular de tu negocio.

Pensamiento convergente y divergente

En términos sencillos, la resolución convergente de problemas consiste en tomar muchas variables, todas conocidas, con condiciones invariables y converger en una respuesta única. Piensa en las matemáticas.

Por ejemplo:

Tienes 3 vendedores que pueden atender 100 llamadas al mes cada uno.

Se necesitan 4 llamadas para crear una venta (inclusive las no concluidas).

Necesitas llegar a 110 ventas...

¿Cuántos vendedores debes contratar?

Información deducida:

1 vendedor = 100 llamadas

4 llamadas = 1 cierre

100 llamadas/4 llamadas por cierre = 25 cierres cada 100 llamadas

25 cierres por representante

Objetivo: 110 ventas *totales* / 25 ventas por representante = 4,4

Como no puedes contratar a 4,4 representantes, decides que debes tener *cinco*.

RESPUESTA: Y como tienes 3, contratas a *dos* más.

Los problemas matemáticos son convergentes. Hay muchas variables y una sola respuesta. Nos enseñan toda la vida en la escuela a pensar así. Eso es porque es fácil de calificar.

Pero la vida te va a pagar por tu habilidad para resolver problemas usando un proceso de pensamiento divergente. En otras palabras, pensar en muchas soluciones para un mismo problema. No sólo eso, las respuestas convergentes son binarias. O son correctas o son incorrectas. Con el pensamiento divergente, puedes tener varias respuestas correctas y una que sea mucho más correcta que las demás. Genial, ¿verdad?

Esto es lo que la vida nos presenta para el pensamiento divergente: variables múltiples, lo conocido y lo desconocido, condiciones dinámicas, respuestas múltiples.

Por ello, quiero hacer contigo un ejercicio que activará la parte de tu cerebro que necesitarás utilizar para hacer algo mágico.

Lo llamo el ejercicio del "ladrillo". No te preocupes, sólo te llevará 120 segundos.

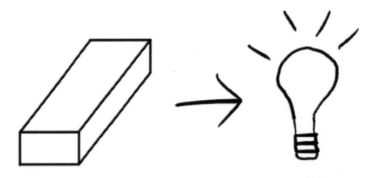

El Ejercicio del bloque

Quiero que pongas en este momento el temporizador de tu teléfono en 120 segundos. Tienes que hacer lo siguiente: piensa en un bloque o ladrillo.

Escribe tantos usos *diferentes* de un bloque como se te ocurran. De cuántas formas diferentes podría utilizarse un bloque en la vida para aportar valor.

¿Preparado? Vamos. Se puede escribir en el libro.

_____

_____

_____

_____

_____

_____

_____

_____

_____

_____

_____

_____

_____

_____

_____

_____

_____

_____

_____

_____

Muy bien, suficiente. Ahora, antes de mostrarte mi lista, ¿consideraste lo siguiente...?

... ¿Qué tamaño tiene el bloque? ¿Una barra de 23 x 11 x 9 cm (Un ladrillo estándar), o 60 x 60 x 200 cm?

... ¿De qué material está hecho el bloque? ¿Plástico, oro, arcilla, madera, metal?

... ¿Qué forma tiene el bloque? ¿Tiene agujeros? ¿Tiene huecos para encastrar?

Ahora que lo piensas, ¿se te ocurren más usos para el bloque de los que probablemente hayas anotado?

Esta es mi lista:

- Pisapapeles
- Tope de puerta
- Para construir cosas
- Casa para un pez en una pecera (bloque perforado)
- Soporte para plantas con tierra en los agujeros (bloque hueco)
- Como trofeo (bloque pintado)
- Decoración rústica
- Para romper una ventana
- Hacer un mural (bloques pequeños pintados)
- Una pesa para entrenar resistencia
- Una cuña bajo una plataforma irregular
- Portalápices (bloque hueco)
- Juguete para niños (bloques de *Lego*)
- Dispositivo de flotación (bloque de plástico)
- Valor de intercambio (bloque de oro)
- Estabilizador para apoyar algo
- Retenedor de valor (bloque de oro)
- Soporte para asta de bandera (bloque agujereado)
- Asiento (bloque grande)

Toda oferta tiene sus elementos constitutivos, es decir, las piezas que combinadas hacen que sea irresistible. Nuestro objetivo es utilizar un proceso de pensamiento divergente para pensar en el mayor número posible de formas sencillas de combinar estos elementos para aportar valor.

Por lo tanto, si vendiera un bloque, averiguaría cuál es el deseo de mi cliente y, a continuación, idearía de cuántas maneras podría crear valor con mi "bloque".

Ahora hagámoslo de verdad.

Copyright © 2023 por ACQUISITION.COM, LLC - PROHIBIDA SU DISTRIBUCIÓN

Oferta de valor: Creación de tu Oferta Grand Slam parte I: problemas y soluciones

"ABC, fácil como 123. Ah, simple como do re mi."

- Michael Jackson, "ABC"

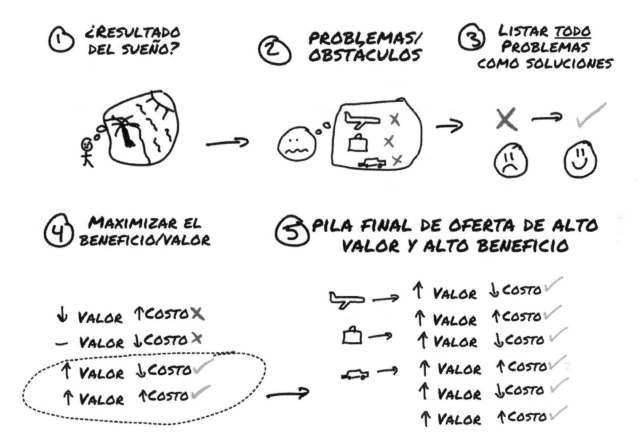

Cuando monté mi gimnasio, me costó mucho. Quería tanto tener éxito, demostrarle a mi padre que estaba equivocado sobre mi decisión de armar mi propio negocio y demostrarme a mí mismo que valía algo. Pero, por más de que lo intenté, no pude vender ni siquiera un programa de entrenamiento de 99 dólares al mes. La gente me decía: "El club *LA Fitness* cuesta 29 dólares al mes. Esto es muy caro". Incluso intenté que empezaran gratis. Decían que no se molestarían porque $99/mes después, seguiría siendo demasiado caro y no querían empezar algo que después no continuarían.

Copyright © 2023 por ACQUISITION.COM, LLC - PROHIBIDA SU DISTRIBUCIÓN

Cuando ni siquiera puedes ofrecer tus servicios gratis a la gente, descubres un nuevo nivel de frustración. Me sentía un inútil y no sabía qué hacer. Por suerte, en esa época integraba unos grupos con otros dueños de gimnasios y empecé a oír hablar de marketing y de libros. Devoré todo lo que pude. Y en cuanto me topé con los libros de Dan Kennedy, me enganché.

En sus libros hablaba de hacer "ofertas irresistibles". De nuevo, este tema de "hacer una oferta tan buena que la gente sienta que es estúpida si dice que no" seguía reapareciendo. Pero esta vez, recordando lo que TJ me había dicho, decidí meterme de lleno en este concepto, en lugar de limitarme a hacer lo que hacía todo el mundo.

¿Pero cómo? Todos los demás vendían programas de entrenamiento de 99 dólares por mes. ¿Cómo iba yo a competir? Así que decidí prestar atención a qué era lo que podríamos hacer diferente. Pensé - ¿qué es lo que *realmente* quieren? Nadie quiere una membresía; lo que realmente quieren es perder peso.

Paso No. 1: Identificar el resultado soñado

Había oído hablar de los desafíos para perder peso, así que empecé por ahí.

Pierda 6 kilos en 6 semanas.

El gran resultado soñado: perder 6 kilos.

Con un plazo de tiempo reducido - 6 semanas.

Nota: Ya no estaba vendiendo mi membresía. No estaba vendiendo el vuelo en avión. *Estaba vendiendo las vacaciones.* Cuando piensas en tu resultado soñado, tienen que ser ellos los que lleguen a su destino y logren la *experiencia* que anhelan.

Paso No. 2: Hacer una lista de los problemas

A continuación, anoté todos los problemas con los que se enfrentaba la gente y sus pensamientos limitantes al respecto. Cuando enumeres los problemas, piensa en lo que ocurre inmediatamente antes e inmediatamente después de que alguien utiliza tu producto/servicio. ¿Qué será lo "siguiente" para lo que necesitarán ayuda? Estos son todos los problemas. Piensa en ello con un detalle extremo. Si lo haces, crearás una oferta más valiosa y convincente porque estarás respondiendo continuamente al siguiente problema a medida que se vaya manifestando.

Así que, vamos a enumerar los problemas desde la perspectiva de un posible cliente mientras piensas en ellos. ¿Qué puntos de fricción existen para ellos? Me gusta pensar en

Copyright © 2023 por ACQUISITION.COM, LLC - PROHIBIDA SU DISTRIBUCIÓN

la secuencia en que el cliente experimentará cada uno de estos obstáculos. Una vez más, canaliza hasta los detalles más demenciales (¡cuantos más problemas, mejor!).

Ejemplo de lista de problemas: Pérdida de peso

Lo primero que deben hacer es: *Comprar alimentos saludables, hacer las compras*

1) Comprar alimentos saludables es difícil, confuso y no me va a gustar
2) Comprar alimentos saludables me va a llevar demasiado tiempo
3) Comprar alimentos saludables es caro
4) No voy a poder comprar alimentos saludables para siempre. Las necesidades de mi familia se van a interponer en mi camino. Si viajo, no voy a saber qué comprar.

Lo siguiente que deben hacer es: *Cocinar* comida saludable

1) Cocinar comida saludable es difícil y confuso. No me va a gustar y me va a quedar mal.
2) Cocinar comida saludable me va a llevar mucho tiempo.
3) Cocinar comida saludable es caro. No vale la pena.
4) No voy a poder cocinar comida saludable para siempre. Las necesidades de mi familia se van a interponer en mi camino. Si viajo no voy a saber cocinar saludable.

Lo siguiente que deben hacer es: *Comer sano*

1) Etc...

Lo siguiente que deben hacer es: *Hacer ejercicio regularmente*

1) Etc...

Ahora vamos a cerrar el círculo. Cada uno de los problemas anteriores tiene cuatro elementos negativos. Adivinaste, cada uno se alinea con los cuatro impulsores de valor también.

Copyright © 2023 por ACQUISITION.COM, LLC - PROHIBIDA SU DISTRIBUCIÓN

1) Resultado soñado → No va a valer la pena económicamente.
2) Probabilidad de éxito → No va a funcionar para mí específicamente. No voy a poder cumplirlo. Se van a interponer factores externos en mi camino. (Éste es el casillero más singular y específico del servicio).
3) Esfuerzo y Sacrificio → Va a ser demasiado difícil, confuso. No me va a gustar. Lo voy a hacer mal.
4) Tiempo de espera → Me va a llevar demasiado tiempo. Estoy demasiado ocupado para hacerlo. Me va a llevar demasiado tiempo de trabajo. No va a ser conveniente para mí.

A continuación, enumera *todos* los problemas de tu cliente potencial. No te dejes limitar por estos casilleros, que sólo sirven para poner en marcha tu cerebro. Si te resulta más fácil, enumera todo lo que se te ocurra.

Lo que he mostrado aquí no son sólo cuatro problemas. Tenemos 16 problemas principales con dos a cuatro subproblemas por debajo. Es decir, entre 32 y 64 problemas en total. Guau. No me extraña que la mayoría de la gente no consiga sus objetivos. No te sientas abrumado. Esta es la mejor noticia. Cuantos más problemas se te ocurran, más problemas podrás resolver.

Así que, para recapitular, haz una lista de todas las cosas fundamentales que la persona debería hacer. Luego piensa en todas las razones por las que no podrían hacerlo o seguir haciéndolo (utilizando los cuatro impulsores de valor como guía).

Y ahora llegamos a la parte divertida: *convertir los problemas en soluciones.*

Paso No. 3: Lista de soluciones

Ahora que tenemos el resultado soñado y todos los obstáculos que podrían interponerse, es hora de definir nuestras soluciones y hacer una lista de ellas.

La creación de la lista de soluciones consta de dos pasos. En primer lugar, vamos a transformar nuestros problemas en soluciones. En segundo lugar, vamos a nombrar estas soluciones. Así de simple. Echemos un vistazo a nuestra lista de problemas anterior. Lo que vamos a hacer es simplemente convertirlos en soluciones pensando: *"¿Qué necesitaría presentarle a la persona para resolver este problema?".* Luego vamos a transformar cada uno de los elementos del obstáculo en un lenguaje orientado a la solución. Esto es *Copywriting 101.* Escapa al alcance de este libro, pero simplemente añadiendo el "cómo" y e invirtiendo el problema, la mayoría de las personas que se inician en este proceso tendrán un buen punto

Copyright © 2023 por ACQUISITION.COM, LLC - PROHIBIDA SU DISTRIBUCIÓN

de partida. Para nuestros propósitos, estamos creando una lista de verificación de lo que exactamente vamos a tener que hacer por nuestros clientes potenciales y lo que vamos a resolver para ellos.

Una vez que tengamos nuestra lista de soluciones, en el siguiente paso pondremos en práctica cómo vamos a resolver *realmente* estos problemas (crear valor). Y quiero ser 100% claro. *Resolverás* todos los problemas. Exploraremos juntos cómo hacerlo, en el siguiente paso.

PROBLEMA → SOLUCIÓN

PROBLEMA: *Comprar alimentos saludables, hacer las compras*

... es difícil, confuso y no me va a gustar. Lo voy a hacer mal → Cómo hacer que comprar alimentos saludables sea fácil y agradable, para que cualquiera pueda hacerlo (¡especialmente las madres ocupadas!)

... lleva demasiado tiempo → Cómo comprar alimentos saludables en forma rápida

... es caro → Cómo comprar alimentos saludables por menos de lo que gastas hoy en las compras

... no es sostenible → Cómo hacer que comprar alimentos saludables requiera menos esfuerzo que comprar comida no saludable

... no es mi prioridad. Las necesidades de mi familia se van a interponer → Cómo comprar alimentos saludables para ti y tu familia a la vez

... no podré hacerlo si viajo; no voy a saber qué comprar → Cómo conseguir alimentos saludables cuando viajas

PROBLEMA: *Cocinar alimentos saludables*

... es difícil y confuso. No me va a gustar y lo voy a hacer mal → Cómo cualquiera podría disfrutar cocinando comidas saludables fácilmente

... lleva demasiado tiempo → Cómo cocinar en menos de 5 minutos

... es caro, no vale la pena → Cómo comer comida saludable es en realidad más barato que comer comida no saludable

... no es sostenible → Cómo comer saludable para siempre

... no es mi prioridad, las necesidades de mi familia se van a interponer en mi camino →
Cómo cocinar saludable a pesar de las necesidades de tu familia

... no es factible, si viajo no voy a saber cómo cocinar comida saludable → Cómo viajar
y aún cocinar de manera saludable.

PROBLEMA: *Comer comida saludable*

... es difícil, confuso y no me va a gustar → Cómo comer comida saludable deliciosa sin
seguir sistemas complicados

... etc.

PROBLEMA: *Hacer ejercicio con regularidad*

... es difícil, confuso y no me va a gustar, lo voy hacer mal → Cómo crear un sistema de
ejercicios fácil de seguir que le guste a todo el mundo

....etc.

Guau, veamos. Son muchos problemas (y muchas las soluciones intuitivas, cortesía del
pensamiento divergente). También te habrás dado cuenta de que muchos de ellos son
repetitivos. Es absolutamente normal. Los impulsores de valor son las cuatro razones
fundamentales. Nuestros problemas siempre se relacionan con esos impulsores, y nuestras
soluciones proporcionan la respuesta necesaria para dar a un cliente potencial permiso para
comprar. Lo que es aún más loco: si faltara aunque sea *una sola* solución para alguna de
estas necesidades, podría hacer que alguien *no* comprara. Te *sorprenderían* las razones por las
que la gente no compra. Así que no te limites aquí.

Brooke Castillo es una amiga que dirige un enorme negocio de *coaching* o
acompañamiento de vida. Para darte una visión diferente de la lista de problemas-
soluciones, Brooke me envió su lista mientras revisaba este libro para armar una Oferta
Grand Slam para un curso de 90 días sobre Relaciones. Echa un vistazo para ver este
proceso a través de una lente totalmente diferente. Lo más importante, sin embargo es: No
te compliques. Simplemente anota todos los problemas y luego conviértelos en soluciones.

Independientemente de si la oferta que estás creando gira en torno al *fitness* (como en el
ejemplo), a un curso de relaciones (como el de Brooke), o a algo muy diferente (como
dolores de oído), ahora sabemos *qué* tenemos que hacer. El cuarto paso es el *cómo* (y cómo
hacerlo sin quedar arruinados económicamente).

Copyright © 2023 por ACQUISITION.COM, LLC - PROHIBIDA SU DISTRIBUCIÓN

REGALO No. 5 TUTORIAL GRATUITO: Creación de ofertas parte 1

Si deseas seguir el proceso conmigo en directo, entra a Acquisition.com/training/offers y selecciona **"Creación de ofertas parte 1"** para ver un breve tutorial en video. Como siempre, es totalmente gratis. También tengo para ti una **Lista de verificación gratuita para la creación de ofertas** que puedes deslizar y aplicar inmediatamente a tu negocio. También puedes escanear el código QR si no te gusta escribir. Es totalmente gratis. ¡Que lo disfrutes!

Copyright © 2023 por ACQUISITION.COM, LLC - PROHIBIDA SU DISTRIBUCIÓN

<u>Resultado Soñado</u> →

Una relación increíble y amorosa en 90 días

<u>Problemas</u> →

Faltan buenas opciones

No es atractivo/a

No está disponible

Es aburrido/a

No hay química

No hay buena comunicación

No es lo suficientemente excitante

El sexo no es bueno

No hay estímulo intelectual

Falta de esfuerzo en la relación

Falta de tiempo

Inseguridad

"Necesidades" no cubiertas

Demasiadas expectativas que no se cumplen

Comportamientos locos, emocionales

La relación es monótona

Queremos cosas diferentes

No es bueno/a en las relaciones

Demasiada presión

Va demasiado lento

La chispa se apaga demasiado rápido

Hay hijos en el medio

Incompatibilidad sexual

Copyright © 2023 by ACQUISITION.COM LLC NOT FOR DISTRIBUTION

Lista de Soluciones →

Cómo lograr una lista de parejas potenciales para invitar al curso de 90 días

Cómo verte atraído/a hacia tu pareja elegida

Cómo encontrar una pareja que esté disponible

Cómo asegurarte de que los 90 días van a ser excitantes y nunca aburridos

Cómo generar una química como hasta ahora no han conocido

Cómo comunicarte de forma sexy, divertida y significativa

Cómo hacer que la relación sea ex citante siendo tú excitante

Cómo tener un sexo increíble durante 90 días

Cómo crear estímulo intelectual

Cómo poner el esfuerzo en la relación para maximizar los resultados

Cómo hacerse el tiempo para generar descargas de dopamina/amor

Cómo superar toda la inseguridad después de la relación de 90 días

Copyright © 2023 by ACQUISITION.COM LLC NOT FOR DISTRIBUTION

Oferta de valor: Crea tu Oferta Grand Slam Parte II: Recorta y agrupa

"¡Corta! ¡Corta! ¡Corta!" – Los amigos a Rachel Green en la serie 'Friends'

Dividí este capítulo en dos partes porque es la sección más meticulosa del libro. También es la más importante. Sin un producto o servicio valioso, el resto del libro no será tan práctico. Acabamos de cubrir todos los problemas que vamos a resolver. La segunda parte de la oferta consiste en desglosar tácticamente lo que vamos a ofrecer/brindar a nuestro cliente. En teoría, a todos nos encantaría poder volar hacia nuestros clientes y vivir con ellos para solucionar sus problemas. En realidad, eso no sería un negocio muy escalable. Necesitamos que nuestra oferta sea increíblemente atractiva *y* rentable.

Dicho esto, si se trata de tu primera Oferta Grand Slam, es importante que te esfuerces al máximo. Quizá volar no sea tan mala idea al principio. Haz algunas ventas y luego piensa en cómo hacerlo más fácil para tus clientes. Quieres que piensen: "¿Me dan todo esto por sólo esto?". En esencia, quieres que perciban un *gran valor*.

Todo el mundo compra gangas. Hay gente que compra cosas de 100.000 dólares por sólo 10.000. Ahí es donde queremos vivir: precios altos, pero una *ganga* respecto a su valor (como espero que venga siéndolo este libro hasta ahora para ti).

Ventas para lograr continuidad en el cumplimiento

CONTINUO DE VENTAS A CUMPLIMIENTO

FÁCIL DE VENDER — DIFÍCIL DE VENDER

DIFÍCIL DE CUMPLIR — FÁCIL DE CUMPLIR

Para asimilar mejor las nociones de recorte y agrupamiento, necesitamos un replanteo mental. Estudia las ventas para lograr continuidad en el cumplimiento.

Cuando construyes una empresa, existe un continuum entre la facilidad de cumplimiento y la facilidad de venta. Si reduces lo que podrías hacer, aumentará la dificultad para vender tu producto o servicio. Si haces todo lo posible, tu producto o servicio será más fácil de vender, pero más difícil de cumplir, porque tu inversión de tiempo será mayor. El truco, y el objetivo final, es encontrar un punto óptimo en el que vendas algo muy bien y que a la vez sea fácil de cumplir.

Siempre me he regido por el mantra: "Crea el flujo. Monetiza el flujo. Luego añade fricción". Esto significa que *primero* genero demanda. Luego, con mi oferta, consigo que digan que sí. Una vez que la gente dice que sí, entonces, y solo entonces, añado fricción en mi marketing, o decido ofrecer *menos* por el mismo precio.

El sentido práctico impulsa esta práctica. Si no consigues que fluya la demanda, no tienes ni idea de si lo que tienes es bueno. Prefiero hacer más por cada cliente y tener flujo de caja, que optimizar mi negocio pero tener cero flujo de caja después (y cero idea de lo que necesito ajustar para servir mejor a mis clientes).

Aquí tienes un ejemplo perfecto para entenderlo. Cuando empecé con el proyecto de lanzamiento de gimnasios *Gym Launch*, los dueños de los gimnasios me pidieron ayuda. Necesitaban tanta ayuda que no sabía por dónde empezar. Pero quería asegurarme de que recibieran mucho más de lo que me pagaban. Así que esto es lo que terminé haciendo para llenar sus gimnasios: volaría hasta sus gimnasios y los acompañaría durante 21 días, gastaría mi propio dinero en hoteles, alquiler de coches, comer afuera, publicidad, generaría los clientes potenciales, trabajaría con los clientes potenciales, y luego vendería por ellos. Incluso acudía a la primera reunión con los clientes para que empezaran. En resumen, lo hacía *todo*. Asumía todos los riesgos.

Sólo tenían que pagar 500 dólares para "reservar" su fecha, que yo les reembolsaba al final del lanzamiento. Así que ellos tenían 0 riesgo financiero, 0 riesgo de tiempo, 0 esfuerzo, y el trato era que me quedaba con todo el dinero recaudado por adelantado de la venta de sus servicios, y ellos obtenían clientes de forma gratuita. Como puedes imaginar, era una oferta muy convincente.

Por mi cuenta, fui capaz de vender alrededor de $ 100.000/mes en efectivo por adelantado para mí. Así que estos acuerdos me resultaron muy lucrativos. Con el tiempo, escalé hasta tener un equipo de 8 personas vendiendo cada mes. Pero esto comenzó a desgastarnos a mí y mi equipo. Fue en ese momento cuando me di cuenta de que si simplemente les enseñaba a hacer lo que yo hacía, podría cobrar tal vez un tercio de lo que normalmente ganaría pero sería capaz de ayudar a cientos de gimnasios al mes en lugar de a ocho. Y, podría hacer todo durmiendo en mi propia cama todas las noches.

Mi promesa era fundamentalmente la misma: en 30 días lleno tu gimnasio. Lo que cambió fue el *cómo* y el *qué*. *El cómo y el qué* es lo que estamos desglosando.

Cuando hablo con dueños de empresas sobre sus modelos, les digo que al principio creen flujo de caja realizando un exceso loco de entregas. A continuación, que utilicen el flujo de caja para arreglar sus operaciones y hacer que sus negocios sean más eficientes. Este proceso de revisión puede ser bastante fluido. Puede que ni siquiera tengan que cambiar lo que ofrecen. Puede que simplemente acaben creando sistemas que generen el mismo valor para el cliente pero que les cuesten muchos menos recursos.

En última instancia, así es como las empresas se superan unas a otras. Comprender esto será importante a medida que vayas escalando en tu negocio.

Ahora que hemos establecido la importancia del punto de apoyo y cómo enfocar el equilibrio entre las ventas y el cumplimiento desde el principio, vamos a cubrir los dos últimos pasos de la creación de nuestra Oferta Grand Slam. Para recapitular rápidamente, recordemos que hemos tratado la identificación de los resultados soñados (paso uno), la enumeración de los problemas (paso dos) y la determinación de las soluciones (paso tres).

Paso No. 4. Crea tus vehículos de entrega de soluciones ("El Cómo")

El siguiente paso es pensar en todas las cosas que podrías *hacer* para resolver cada uno de los problemas que has identificado. Este es el paso más importante de este proceso. Esto es lo que vas a *ofrecer*. Esto es lo que vas a hacer o dar a cambio de dinero.

Para mantener alta tu creatividad (pensamiento divergente), piensa en *todo lo que podrías hacer*. Piensa en todas las cosas que podrían aumentar el valor de tu oferta. Tanto que serían estúpidos si dijeran que no.

Qué podrías hacer para que alguien dijera inmediatamente: "¿Todo eso? ¿En serio? Sí, quiero".

Hacer este ejercicio hará que tu trabajo de venta sea Mucho. Más. Fácil.

Incluso si se te ocurre algo que en realidad no estás dispuesto a hacer, no pasa nada. El objetivo es superar tus límites y estimular a tu cerebro para que piense en una versión diferente de la solución que normalmente propondrías por defecto. Aquí es donde puedes dar rienda suelta a tu creatividad empresarial.

Recordatorio: Sólo tienes que hacer esto *una vez*. Literalmente *una vez* para un producto que puede durar años. Se trata de un trabajo de alto valor y alto apalancamiento. Al final te pagan por pensar. Tú puedes. Esto debería ser divertido. Sigue adelante y haz una lista de todas tus posibilidades ahora. Luego te llevaré a través de mi ejemplo. Usaré el problema de comprar comida anterior como ejemplo. Me gusta agrupar las cosas según el número de personas a las que voy a entregar esto de inmediato.

Mi lista está más abajo. Y al final, te doy mis "códigos de trucos" sobre cómo pienso en esto para ser aún más creativo.

Problema: Comprar comida saludable es difícil, confuso y no me va a gustar

Si quisiera ofrecer una solución individualizada (uno a uno) podría ofrecer...

a) Compras en persona, donde llevo a los clientes a la tienda y les enseño a comprar.
b) Lista de compras personalizada: les enseño a hacer la lista.
c) Servicio completo de compra, en el que les compro la comida. Hablamos de un 100 por ciento hecho para ellos.
d) Orientación en persona (no en la tienda), donde les enseño qué comprar.
e) Asistencia por SMS mientras compran, para ayudarlos si se bloquean.
f) Llamada telefónica mientras hacen las compras, donde planifico llamarlos cuando vayan a comprar para darles orientación y apoyo.

Si quisiera ofrecer una solución para grupos pequeños podría ofrecer...

a) Compras de alimentos en persona, donde me reúno con un grupo de personas y las llevo de compras.
b) Lista de compras personalizada, en la que enseño a un grupo de personas a hacer sus listas semanales. Podría hacerlo una vez o todas las semanas si quisiera.
c) Comprar los alimentos, es decir, comprarles la comida y entregárselas en persona.
d) Orientación en persona, donde enseño a un pequeño grupo lo que hay que hacer (no en la tienda).

Copyright © 2023 por ACQUISITION.COM, LLC - PROHIBIDA SU DISTRIBUCIÓN

Si quisiera ofrecer una solución para grupos grandes podría ofrecer (uno a muchos)...

a) Visita virtual en directo a la tienda de alimentos, en la que puedo retransmitir en directo mi recorrido por la tienda de alimentos para todos mis nuevos clientes y dejar que hagan preguntas en directo.

b) Visita grabada, en la que hago las compras una vez, lo grabo y se los doy a mis clientes como punto de referencia para que lo vean por su cuenta.

c) Calculadora de compras, donde creo una herramienta virtual que se puede compartir o les enseño a utilizar una herramienta para calcular su lista de compras.

d) Listas predeterminadas, en las que el plan para cada cliente viene con su propia lista de compras semanal. Podría hacerla con antelación para que la tengan. Luego podrían utilizarla cuando la necesiten.

e) Sistema de amigos de compras, en el que puedo emparejar a todos los clientes, lo cual no lleva mucho tiempo, y dejarlos ir juntos de compras.

f) Carritos de compra instantáneos pre-confeccionados para entrega a domicilio, en los que podría hacer listas para que los clientes recibieran las compras en la puerta de sus hogares con un solo clic.

Como ves, la lista es interminable. Esto es sólo para ilustrar las muchas maneras de resolver un *mismo* problema.

Ahora haz lo mismo con *todos* los problemas percibidos por tus clientes antes, después y durante su experiencia con tus servicios/productos. Al final deberías tener una lista monstruosa.

Códigos de trucos para la entrega de productos

¿Cómo? ¿Te cuesta ser creativo? Te voy a dar los códigos de trucos ahora mismo, como hice con el ejemplo del bloque: "el bloque podría ser de oro o de plástico, o tener agujeros, o ser un *Lego*, etc.". Estos son mis "códigos de trucos" para la variación/mejora de productos y una ilustración de mi paquete de consultoría para desglosar el proceso:

CUADRO DE ENTREGAS

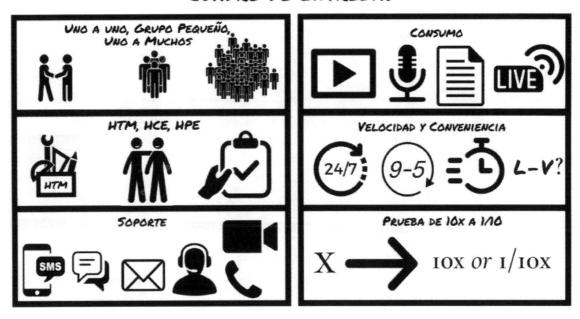

a) <u>¿Qué nivel de atención personal quiero ofrecer?</u> Uno a uno, grupo pequeño, uno a muchos.

b) <u>¿Qué nivel de esfuerzo se espera de ellos?</u> Hazlo tú mismo (HTM): descubre cómo hacerlo por ti mismo; Hazlo con el cliente (HCC): enséñale cómo hacerlo; Hazlo por el cliente (HPC): hazlo tú por él.

c) <u>Si se hace algo *en directo*, ¿en qué entorno o medio quiero hacerlo?</u> En persona, por teléfono, correo electrónico, texto, *Zoom* o *chat*.

d) <u>Si se trata de una grabación, ¿cómo quiero que la consuman?</u> Audio, vídeo o por escrito.

e) <u>¿Con qué rapidez queremos responder? ¿Qué días? ¿En qué horario?</u> 24/7. ¿De 9 a 5, en 5 minutos, en una hora, en 24 horas?

f) <u>Prueba de 10x a 1/10.</u> Si mis clientes me pagaran 10 veces mi precio (o $ 100.000), ¿qué les ofrecería? Si me pagaran 1/10 del precio y tuviera que hacer que mi producto fuera más valioso de lo que ya es, ¿cómo lo haría? ¿Cómo podría conseguir que tuvieran éxito por una décima parte del precio? Expande tu mente en una u otra dirección y se te ocurrirán soluciones muy diferentes.

Copyright © 2023 por ACQUISITION.COM, LLC - PROHIBIDA SU DISTRIBUCIÓN

En otras palabras, ¿cómo podría *cumplir* realmente con las soluciones que digo que voy a aportar? Haz esto para cada problema porque las soluciones de un problema te darán ideas para otros que normalmente no habrías considerado.

Recuerda que es importante que resuelvas *todos* los problemas. No puedo decirte la cantidad de veces que *un* solo problema no resuelto se convierte en la razón por la que alguien no compra.

Anécdota: Por qué debemos resolver *todos* los problemas percibidos

Cuando vendía productos para adelgazar, insistía en que la gente se preparara toda la comida en casa. Me resultaba demasiado difícil ayudar a los clientes a perder peso cuando comían afuera porque siempre estropeaban sus dietas. En lugar de resolver el problema, insistía en que lo hicieran a mi manera o no lo hicieran. Como resultado, perdí muchas ventas.

Un mes necesitaba vender mucho para pagar el alquiler. Mi siguiente venta entró por la puerta: era una ejecutiva que quería perder peso. Cuando empecé la presentación de la venta me dijo que el programa no iba a funcionar para ella porque salía a comer todos los días. Normalmente, habría perdido esta venta. Me empeñaba en que la gente *no* saliera a comer. Pero realmente *necesitaba* el dinero. Me negué a perder la venta por esta *única razón* y le dije: "Te voy a preparar una guía para comer afuera cuando vayas a restaurantes, para que puedas comer afuera el 100% de las veces y seguir cumpliendo tu objetivo. ¿Qué te parece?" Aceptó y cerré la venta.

Me tomé el trabajo de hacerle una guía para comer afuera. Y a partir de entonces, cada vez que alguien decía "¿pero qué pasa con salir a comer?". Yo tenía la solución. Con el tiempo, seguí resolviendo obstáculos con plantillas y capacitaciones hasta que ya no hubo "*una cosa*" que impidiera mis ventas. Esta lección me quedó grabada hasta hoy. No te pongas romántico sobre *cómo* quieres resolver el problema. Encuentra una forma de resolver cada problema que te presente un cliente potencial. Al hacerlo, tu oferta será tan buena que no podrán decirte que no. Y eso es lo que estamos construyendo aquí.

Nota: Debes resolver cada uno de los obstáculos que un comprador crea que va a encontrar para conseguir vender a la mayor cantidad de personas. Esto no quiere decir que si no lo haces, no venderás. En absoluto. Pero no venderás *a tanta gente como de otra forma habrías podido hacerlo*. Y ese es el objetivo, vender al mayor número de personas, por el mayor precio posible, con el mayor margen posible.

Paso No. 5. Recorta y agrupa

Ahora que hemos enumerado nuestras posibles soluciones, tendremos una lista gigantesca. A continuación examinaremos el costo que supone para nosotros (la empresa) ofrecer estas soluciones. Primero eliminamos las que tienen un costo elevado y un valor bajo. Luego elimino las de bajo costo y escaso valor.

Si no estás seguro de qué es de alto valor, repasa la ecuación de valor y pregúntate cuáles de estas cosas harán que esta persona:

1) Valore desde el punto de vista financiero

2) Crea que tendrá posibilidades de éxito

3) Sienta que puede lograrlo con mucho menos esfuerzo y sacrificio

4) Sienta que le ayudan a alcanzar su objetivo y ver el resultado deseado con mucha menos inversión de tiempo.

Como resultado obtendrás ofertas de 1) bajo costo y alto valor y 2) alto costo y alto valor.

Por ejemplo: Digamos que me mudo con alguien y hago las compras, hago ejercicio con él y cocino por él. Probablemente la otra persona creerá que perderá peso. Pero no estoy dispuesto a hacer eso por una cantidad de dinero menor a miles de millones de dólares.

La siguiente pregunta es: ¿existe una versión reducida de esta experiencia que pueda ofrecer a escala?

Sólo tienes que dar un paso atrás cada vez hasta llegar a algo que implique un compromiso de tiempo o un costo con los que estés dispuesto a vivir (u, obviamente, aumentar masivamente tu precio para que valga la pena para ti, es decir, los miles de millones de dólares para vivir con alguien).

Si hay *un* tipo de vehículo de entrega en el que enfocarse, es la creación de soluciones "uno a muchos" de alto valor. Estas son las que normalmente tendrán el mayor margen entre costo y valor. Por ejemplo, antes de abrir mi primer gimnasio, tenía un negocio de capacitación en línea. Creé una pequeña aplicación de *Excel* que, tras introducir todos los objetivos de una persona, generaba automáticamente más de 100 comidas perfectamente adaptadas a sus necesidades de macronutrientes y calorías. Mejor aún, dependiendo de las comidas que seleccionaran, les diría lo que necesitaban comprar en el supermercado en cantidades exactas, *y* cómo prepararlas en grandes cantidades con las proporciones exactas. Tardé unas 100 horas en armar todo. Pero de ahí en adelante vendí planes de alimentación

Copyright © 2023 por ACQUISITION.COM, LLC - PROHIBIDA SU DISTRIBUCIÓN

realmente personalizados a precios muy caros, aunque sólo me llevaba unos 15 minutos hacerlo. Alto valor. Bajo costo.

Las soluciones de este tipo requieren un costo de creación elevado y único, pero un esfuerzo adicional infinitamente bajo después. (Para tu información, esta es exactamente la razón por la que el *software* es tan valioso).

Eso no significa que nunca quieras hacer algo en un grupo pequeño o en un modelo individual. Después de todo, hago 1-a-1 con todos los Gerentes de mi cartera de empresas que ayudamos a escalar más allá de $ 30M+. Sólo tienes que asegurarte de reservar esos elementos de alto costo únicamente para grandes agregados de valor. Si crees que puedes conseguir el mismo valor con una alternativa de menor costo, hazlo.

Cuando dirigía mi gimnasio realicé este ejercicio y creé: planes para preparar comidas en grandes cantidades, un sistema para comer afuera, una guía de alimentación y entrenamiento para viajes, planes alimenticios para cada peso corporal y sexo, una calculadora de listas de compras, planes para superar la meseta (para cuando se quedaban estancados), guías de cocina rápida asociadas con servicios de preparación de comidas, y orienté personalmente a cada cliente (1-a-1) en cuestiones de nutrición.

Muchas de las soluciones "uno a muchos" requieren más trabajo al inicio. Sin embargo, una vez creadas, se convierten en activos valiosos que crean valor perpetuo. Vale la pena dedicar tiempo a crearlas porque generarán un alto margen de beneficios durante años.

Hablando en serio: los planes alimentarios que hice para mi gimnasio han sido usados por más de 4.000 gimnasios y literalmente cientos de miles de personas. Son simples y fáciles de seguir. Así que han proporcionado un retorno amplio por cada semana o cada dos semanas del tiempo que dediqué a hacerlos.

Y si alguna vez deseas crear un modelo de negocios repetible, algo que se pueda ampliar, estos activos que generes se convertirán en una base sólida. Este libro, por ejemplo, es un activo de alto valor y de bajo costo en general. Claro, me cuesta mucho por adelantado, pero cada libro adicional que vendo después del primero me cuesta muy poco y aporta un valor increíble.

El producto final de alto valor

Resumamos todo esto antes de configurar nuestro producto final de alto valor.

Paso 1: Averiguamos el resultado soñado por nuestro cliente potencial.

Paso 2: Enumeramos todos los obstáculos que probablemente encontrará en su camino (nuestras oportunidades de valor).

Paso 3: Enumeramos todos esos obstáculos como soluciones.

Paso 4: Pensamos en todas las formas posibles de ofrecer esas soluciones.

Paso 5a: Reducimos esas formas a las que nos aportan mayor valor y menor costo.

Lo que tenemos que hacer ahora es...

Paso 5b: Poner todos los paquetes juntos en un último producto final de alto valor.

Volvamos al ejemplo. Vemos que nuestros clientes potenciales lucharon con lo siguiente:

Nota sobre el formato

Voy a mostrar cada conjunto de problema-solución como:

Problema → Mención de la solución→ Nombre más atractivo para el producto.

Luego, debajo, verás el vehículo de entrega real (lo que realmente vamos a hacer por ellos/brindar)

Comprar comida→ Cómo cualquiera puede comprar comida de forma rápida, fácil y barata → Sistema de compras: Ganga a prueba de tontos... que te ahorrará cientos de dólares al mes en tu comida y te llevará menos tiempo que tu rutina de compras actual (1.000 dólares de valor por el dinero que te ahorraré a partir de este momento).

  a. Orientación nutricional 1-a-1 donde te explico cómo usar...

  b. Recorrido de compras recodificado

  c. Calculadora de alimentos *hazlo tú mismo*

  d. Cada plan viene con su propia lista para cada semana

  e. Capacitación en compra de gangas

  f. Sistema de amigos de las compras

Copyright © 2023 por ACQUISITION.COM, LLC - PROHIBIDA SU DISTRIBUCIÓN

g. Carritos de compra instantáneos preconfeccionados para entrega a domicilio

h. Y un control semanal por SMS.

Cocinar→ Guía de cocina en 5 minutos para padres ocupados... cómo cualquiera puede comer sano aunque no tenga tiempo (valor $ 600 por recuperar 200 horas al año - ¡son cuatro semanas de trabajo!).

a) Orientación nutricional 1-a-1 donde explico cómo usar...

b) Instrucciones para preparar las comidas

c) Calculadora de preparación de comidas *hazlo tú mismo*

d) Cada plan viene con sus propias instrucciones para preparar las comidas cada semana

e) Sistema de amigos para preparar comidas

f) Guía de tentempiés saludables en menos de 5 minutos

g) Una publicación semanal en redes donde me etiquetan para que les envíe mis comentarios.

Comer→ Plan de comidas para relamerse personalizado... es tan bueno que al cliente le resultará más fácil seguirlo que continuar comiendo cualquier cosa para "hacer trampa" ¡y le costará menos! (valor $ 500).

a) Orientación nutricional 1-a-1 donde te explico cómo usar...

b) Plan de comidas personalizado

c) Guía para preparar batidos matutinos en 5 minutos

d) Presupuesto para almuerzos en 5 minutos

e) Cenas en 5 minutos

f) Comidas familiares

g) Una foto diaria de sus comidas

h) Reunión 1-a-1 para compartir experiencias y hacer ajustes al plan (y venderles más).

Copyright © 2023 por ACQUISITION.COM, LLC - PROHIBIDA SU DISTRIBUCIÓN

Ejercicio→ Planes de entrenamiento para quemar más grasa que haciéndolo solo... ajustados a las necesidades del cliente para que no vaya demasiado rápido, se estanque o corra el riesgo de lesionarse (valor $ 699).

Viajes→ El plan definitivo de alimentación y entrenamiento para tonificarte mientras viajas... lograrás entrenarte de manera increíble sin equipos para que no te sientas culpable mientras disfrutas (valor $ 199).

Cómo cumplirlo→ El sistema de rendición de cuentas *"nunca abandones"*... el sistema imbatible que funciona sin tu consentimiento (incluso ha conseguido que personas que odian ir al gimnasio tengan ganas de ir) (valor $ 1000).

Cómo ser sociable→ El sistema para comer afuera *"vive la vida mientras adelgazas"*... que te dará la libertad de comer fuera de casa y vivir la vida sin sentirte como el "tipo raro" (valor $ 349).

Valor total: $ 4.351 (!) Todo por solo $ 599.

Nota del Autor

La mayoría de nuestras instalaciones venden ahora este paquete para períodos más largos por entre 2.400 y 5.200 dólares. *Salvaje*. A medida que mejoramos en la creación y monetización del valor, los precios y beneficios de nuestras instalaciones se disparan. Una vez que comienzas este proceso de creación de valor, cada pieza adicional de valor que creas se acumula con el tiempo. Por eso es importante empezar.

¿Te das cuenta de cuánto más valioso es esto que una suscripción a un gimnasio? El paquete hace tres cosas fundamentales:

1) Resuelve *todos* los problemas percibidos (no sólo algunos).

2) Te da la convicción de que lo que vendes es único (muy importante).

3) Hace que sea imposible comparar o confundir tu empresa u oferta con la de cualquier otro.

¡Uf! Por fin tenemos lo que vamos a presentar en todo su esplendor. Dicho esto, es poco probable que lo presentemos así. Dependiendo de si vendemos uno a uno o uno a muchos, lo presentaremos de forma diferente. Hablaré de cómo presentar cada uno de estos paquetes en la sección sobre bonificaciones (en la siguiente Parte).

Resumen

Pasamos por todo este proceso para lograr un objetivo: crear una oferta de valor diferenciada e imposible de comparar con cualquier otra del mercado. Vendemos algo único. Así ya no estamos sujetos a las fuerzas normales de fijación de precios de la mercantilización. A partir de ahora, los clientes potenciales decidirán si nos compran *en función del valor* y *no del precio*. ¡Hurra!

Ahora que tenemos nuestra oferta principal, la siguiente parte se dedicará a mejorarla. Emplearemos una combinación de palancas psicológicas: bonificaciones, urgencia, escasez, garantías y denominación.

> **Regalo No. 6. TUTORIAL GRATUITO: Creación de ofertas parte II:**
>
> Si deseas recorrer el proceso de recorte y agrupamiento para maximizar tus ganancias conmigo en vivo, entra a Acquisition.com/training/offers y selecciona **"Creación de ofertas parte 2"**. También encontrarás algunas listas de verificación que elaboré para agilizar este proceso para ti a fin de que puedas reutilizarla para cada producto que generes. También puedes escanear el código QR si no te gusta escribir. Como siempre, es totalmente gratis. ¡Que lo disfrutes!

Copyright © 2023 por ACQUISITION.COM, LLC - PROHIBIDA SU DISTRIBUCIÓN

PARTE IV
Mejora tu oferta

Escasez, Urgencia, Bonificaciones, Garantías y Nombramiento

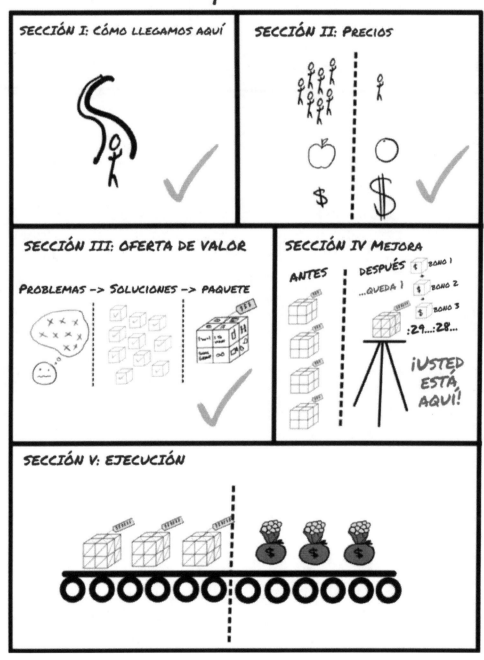

Mejora la oferta: Escasez, urgencia, bonificaciones, garantías y nombre

"Pero espera... hay más, si haces tu pedido hoy..."

- Todos los infomerciales de los años 90

Mayo de 2019. Casa de Arnold Schwarzenegger. Recaudación de fondos para *After School All Stars*.

La fila de autos frente a la casa de Arnold daba vuelta a la esquina... y nosotros estábamos en uno de ellos. Estábamos sentados en nuestro *Uber* cuando un guardia de seguridad con auricular, traje negro y gafas oscuras llamó a la ventanilla del conductor. Parecía sacado de una película.

El conductor bajó la ventanilla. "¿Nombre?"

"Alex y Leila Hormozi."

Revisó la lista, asintió y luego marcó nuestros nombres. "Genial", dijo. Su actitud pasó de severa a acogedora. "Bienvenidos a la recaudación de fondos. Permanezcan en esta fila. Doblen a la izquierda y el personal de seguridad los acompañará el resto del camino."

El guardia de seguridad habló por su *walkie-talkie* con el siguiente puesto de vigilancia, indicando que nuestro auto estaba autorizado.

Llegar a la entrada de la finca fue como entrar en una película de Bond. Lamborghinis, Bugattis, Ferraris y marcas demasiado caras como para nombrarlas. Tipos mayores con chicas jóvenes y escasamente vestidas. Estrellas de cine. Famosos con millones de seguidores que se grababan a sí mismos mientras llegaban, hablando a través de su *iPhone* a su público. Y nosotros.

Cada entrada a la recaudación de fondos costaba 25.000 dólares, la lista de invitados era de sólo 100 personas. Había alfombra roja y todo. Cada año, la recaudación de fondos culminaba con una gran subasta de recuerdos y objetos que algunos de los empresarios asistentes regalaban con fines benéficos.

Dimos una vuelta para ver los puestos de entretenimiento ideados a propósito para poner a los benefactores en el "estado de ánimo de dar". Vimos whiskys de 10.000 dólares... puros de 500 dólares... artículos de grandes marcas que no estarían a disposición del público hasta meses después. Y, por supuesto, la cocina más cara que puedas imaginar. Leila y yo

Copyright © 2023 por ACQUISITION.COM, LLC - PROHIBIDA SU DISTRIBUCIÓN

estábamos empapados de todo. Fue una noche maravillosa. Sin duda nos sentimos como 'chicos bien'.

Ben, el Director General de la organización benéfica, nos vio con la mirada perdida y se acercó. Me tomó del brazo para presentarme a otros benefactores. Eran todos hombres mayores que yo que donaban 100.000 dólares o más sin pensarlo dos veces.

El hombre que me presentó era uno de los mayores benefactores de la organización. Había creado un negocio de joyería y relojería de gama ultra alta. Estoy hablando de símbolos de estatus raros de 100.000, 500.000 y 2.000.000 de dólares que la gente compra sólo para que el otro 0,001 por ciento sepa quienes son. Había donado más de 700.000 dólares en artículos, como premios para la recaudación de fondos de esa noche.

"Alex y Leila, les presento a George", dijo Ben. "Ha sido muy generoso con su tiempo y dinero para la causa. George, ellos son Alex y Leila Hormozi. Van a donar 1.000.000 de dólares esta noche a ASAS. Imagino que ambos son buena gente y quiero ponerlos en contacto."

"Encantado de conocerlos", dijo George con ojos tranquilos y curtidos. Tenía unos sesenta años, era alto y robusto. En su acento se notaban sus orígenes de la zona este. Parecía un hombre que había luchado con uñas y dientes por estar allí, pero que había suavizado su comportamiento para reuniones como ésta. Pero el tigre con dientes y garras seguía bajo la superficie, listo para ser llamado en cualquier momento. Sentí que entendía a este tipo.

Ben rompió el hielo. "Entonces... George fue quien consiguió que subiera el precio de 15.000 dólares por entrada a 25.000 dólares. Este año tuvimos más demanda que nunca. Pero seguí su consejo. Reduje la cantidad de entradas *y* subí los precios."

"Así es", dijo George, contento de que se hubieran seguido sus sabios consejos empresariales. "Cuando aumentes la demanda, reduce la oferta." Se animó ligeramente cuando hablamos de dinero.

Este hombre había construido su negocio de la nada y había encontrado formas de vender cosas con ganancias extraordinarias gracias a su comprensión de la psicología humana. Yo había aprendido mucho sobre la oferta y la demanda, pero este tipo estaba usando sus fundamentos psicológicos para alimentar una recaudación de fondos. Se puede sacar al tigre de la selva, pero no a la selva del tigre.

La gente quiere lo que no puede tener. La gente quiere lo que quieren los demás. La gente quiere cosas a las que sólo unos pocos tienen acceso. Tenía toda la razón. Esa noche, antes de que empezara el evento, habían recaudado un millón de dólares más solamente reduciendo la oferta de entradas *y* subiendo los precios. Además, los que estaban allí eran los que mejor calificaban como grandes donantes. La noche terminó siendo la más exitosa en la historia de la organización, recaudando casi 5.400.000 dólares sólo de 100 personas (¡es decir, 54.000 dólares por cabeza!). Cada uno de los artículos se subastó como pieza única. Y si te lo perdías, nunca volverías a tener la oportunidad de comprarlo. Arnold incluso ofrecía algunas bonificaciones cuando dos personas alcanzaban un nivel de puja suficientemente alto, lo que permitía a la organización obtener ambas donaciones.

Fue una demostración magistral de psicología humana en un entorno en el que la gente pagaba de más por los productos. *Los productos no cambiaron*, pero en este contexto, un artículo que no se vendería en otro lado por 10.000 dólares se vendió por 100.000 dólares. Así de poderosas son la escasez, la urgencia y las bonificaciones. Y el propósito de esta parte es desglosar cómo utilizarlas para aumentar aún más la demanda de tu oferta, sin cambiar tu oferta.

Nota del autor - Otros poderes de persuasión en juego

La escasez, la urgencia, las bonificaciones y las garantías no eran las *únicas* herramientas de persuasión que se emplearon para conseguir precios exorbitantes en la recaudación de fondos. También utilizaron el compromiso y la constancia, el estatus, la presión de grupo, la buena voluntad, el respaldo de famosos, la competencia, etc. Sin embargo, la escasez, la urgencia y las bonificaciones son las tres únicas que voy a desglosar en este libro, ya que creo que pertenecen más a la "oferta" y menos a la "venta" propiamente dicha, de la que hablaré en profundidad en Adquisición: Volumen IV Ventas de 100 Millones de dólares.

La delicada danza del deseo

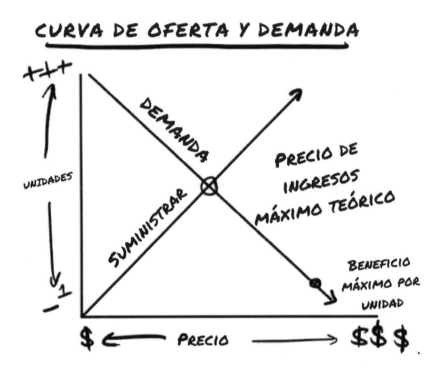

CURVA DE OFERTA Y DEMANDA

Fundamentalmente, todo el marketing existe para influir en la curva de la oferta y la demanda. Aumentamos artificialmente la demanda de nuestros productos y servicios mediante algún tipo de comunicación persuasiva. Cuando aumentamos la demanda, podemos vender más unidades. Cuando disminuimos la oferta, podemos vender esas unidades por más dinero. La "combinación perfecta de beneficios" es mucha demanda y muy poca oferta, u oferta *percibida*. El proceso de mejorar tu oferta principal está diseñado para hacer estas dos cosas: aumentar la demanda y disminuir la oferta *percibida*, de manera que puedas vender los *mismos* productos por *más* dinero del que podrías hacerlo de otra forma, y en volúmenes *mayores* que los que podrías vender de otra forma (en un horizonte de tiempo más extenso).

Copyright © 2023 by ACQUISITION.COM LLC NOT FOR DISTRIBUTION

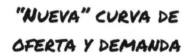

Nota del autor:

Esto supone una empresa normal que no está tratando de ganar penetración en el mercado de masas para obtener alguna otra ventaja estratégica.

El deseo viene de *no* conseguir lo que quieres. De hecho, escuché esta cita que me encanta de Naval Ravikant: "El deseo es un contrato que haces contigo mismo para ser infeliz hasta que consigas lo que quieres". De ahí se deduce que sólo deseamos cosas que *no* tenemos. En cuanto las tenemos, nuestro deseo por ellas desaparece. Por lo tanto, si pretendemos aumentar la demanda (o el deseo), debemos disminuir o *demorar* la satisfacción de los deseos de nuestros clientes potenciales. Debemos vender *menos* unidades de las que *podríamos* vender en otras circunstancias. Dejemos que esto nos haga reflexionar un momento.

Consideremos este ejemplo. Promocionamos unos talleres de dos días que se van a celebrar próximamente. Primero insinuamos lo que se viene. Luego adelantamos algunos de los beneficios. Después difundimos por todos lados que se lanzará en una semana. Entonces, cuando lanzamos este taller increíble tenemos dos escenarios de oferta y demanda:

Escenario uno: Vendemos 10 unidades a 500 dólares cada una (vendemos toda la pirámide a un precio que todos acepten)

Escenario dos: Vendemos dos talleres de un día 1-a-1 por 5.000 dólares cada uno (tamizando la parte superior de la pirámide, con un 80% que no compra)

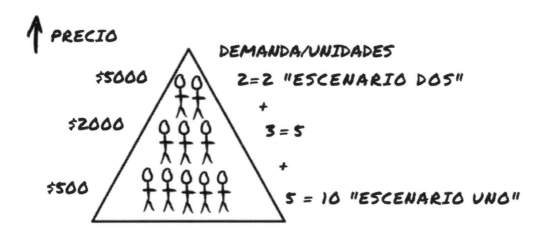

Hay que tener en cuenta que cada uno de estos clientes potenciales tiene un umbral de compra diferente. Según mi experiencia, la demanda de servicios no es lineal. He descubierto en cambio que la demanda es fractal (80/20). En otras palabras, una quinta parte de los clientes potenciales están dispuestos a pagar cinco veces el precio (o más).

En el ejemplo, podría tener diez personas dispuestas a pagar $ 500, pero dos de ellas dispuestas a pagar $ 5000. Entonces, ganaría más, tendría costos más bajos (más ganancias), proporcionaría más valor y aumentaría la demanda en la base de prospectos restante vendiendo *menos* unidades. Piensa en lo exclusivo que se *sentiría* el escenario uno versus el escenario dos. Piensa en todas las personas que querrían comprar, pero no podrían. ¿Aumentaría o disminuiría su deseo? Lo aumentaría, por supuesto.

Además, si las personas ven que otros que "pudieron entrar" están encantados, aumentaría aún más su deseo. Y la próxima vez actuarían con más urgencia y estarían dispuestos a pagar *más* por lo mismo que al principio. Así que ahora, tras nuestro segundo escenario, seguimos teniendo ocho personas con deseos insatisfechos. Esto aumenta aún más su deseo. Además, ahora tenemos nuevos clientes potenciales que no estaban en el grupo original y que ahora desean lo que tenemos.

Copyright © 2023 por ACQUISITION.COM, LLC - PROHIBIDA SU DISTRIBUCIÓN

La siguiente vez que promocionemos el escenario dos, abriremos *tres* plazas al mismo precio y las venderemos todas (¡aún quedan algunos clientes potenciales con demanda reprimida!). Este es un tema continuo.

Por el contrario, si promocionáramos de nuevo el escenario uno (el precio de 500 dólares), probablemente venderíamos menos plazas la segunda vez. ¿Por qué? Porque no tenemos demanda acumulada. Todos los deseos han sido satisfechos. Cuando "aprietas el gatillo demasiado pronto", cada vez que promocionemos un nuevo escenario, venderemos aún menos. Al final, nos quedaremos sin demanda suficiente para hacer una sola venta. Este es el triste estado en el que se encuentran muchas empresas, *siempre intentando generar más demanda* para hacer otra venta rápida.

Copyright © 2023 por ACQUISITION.COM, LLC - PROHIBIDA SU DISTRIBUCIÓN

<u>Ley de Hormozi</u>: Cuanto más retrases la demanda, mayor será la misma. "Cuanto más larga es la pista, más grande es el avión que puede despegar".

Debemos esforzarnos por mantener nuestra oferta (y la satisfacción del deseo) por debajo de la demanda que somos capaces de generar. Esto maximiza los beneficios y mantiene el deseo voraz en nuestra clientela. Esta es la verdadera clave para no pasar nunca hambre.

Resumen

La razón por la que titulé esta sub-parte "La delicada danza del deseo" es que la oferta y la demanda están inversamente correlacionadas (en teoría). Si no satisfaces ningún deseo (no ofreces nada), no ganarás dinero y, *a la larga*, la gente se sentirá rechazada (Nota: tarda mucho más de lo que crees).

Por el contrario, si satisfaces toda la demanda, matarás a tu gallina de los huevos de oro y no sabrás de dónde vendrá tu próxima comida. El dominio de la oferta y la demanda proviene de la elegante danza entre ambas. Si te acuestas con tu media naranja todos los días, tendrá menos deseo que si no te hubieras acostado con ella en una semana. Queremos la perspectiva voraz, no sólo la excitación.

Por lo tanto, comprender la interacción entre estas variables es clave para mejorar tu oferta y la cantidad de beneficios que obtendrás *con el tiempo*. Hasta este punto, hemos tratado todos los elementos *dentro* de tu oferta que pueden hacerla inmune a la comparación de precios y transformar servicios y productos normales en cosas básicas por las que la gente encontrará la forma de pagar. Por lo tanto, la siguiente variable que puede hacer que tu oferta sea más deseable es cómo la presentas. En otras palabras, las variables *externas* que posicionan el producto en la mente de tu cliente potencial. Estas fuerzas son a menudo más poderosas que tu oferta principal. En la siguiente parte, Mejora la oferta, te mostraré cómo:

1) Utilizo la *escasez* para reducir la oferta y aumentar los precios (e indirectamente aumentar la demanda a través de la percepción de exclusividad).

2) Utilizo la *urgencia* para aumentar la demanda disminuyendo el umbral de acción de un cliente potencial.

3) Utilizo *bonificaciones* para aumentar la demanda (y aumentar la exclusividad percibida).

4) Utilizo *garantías* para aumentar la demanda disminuyendo el riesgo.

Copyright © 2023 por ACQUISITION.COM, LLC - PROHIBIDA SU DISTRIBUCIÓN

5) Utilizo el *nombre* para volver a estimular la demanda y dar a conocer mi oferta a mi público objetivo.

Definiré cada una de ellas y te daré ejemplos de cómo usarlas. Utilizaremos todas estas variables para mejorar nuestra oferta y desplazar la curva de la demanda a nuestro favor, dejando a nuestros clientes siempre con ganas de más. Empezaremos estimulando tácticamente el "miedo a perderse algo", también conocido como *FOMO*, mediante la *escasez*.

Copyright © 2023 por ACQUISITION.COM, LLC - PROHIBIDA SU DISTRIBUCIÓN

Mejora la oferta: Escasez

"¡Agotado!"

ESCASEZ (X IZQUIERDA / Y PUNTOS) ¡AGOTADO!
↳ # DE UNIDADES/DISPONIBILIDAD

La escasez es una de las fuerzas más poderosas y menos comprendidas para desbloquear un poder de fijación de precios ilimitado. Si quieres aprender a vender aire por millones de dólares, presta atención.

La razón por la cual un profesional (como un médico), una celebridad (como Oprah) o una autoridad célebre (como el Dr. Oz o el Dr. Phil) pueden cobrar tarifas exorbitantes, es la demanda *implícita*. La gente asume que hay mucha demanda de su tiempo y, por lo tanto, no hay una gran oferta del mismo. En consecuencia, debe ser caro.

Dicho esto, es difícil para la mayoría de las empresas entender lo que significa realmente tener una curva de oferta-demanda desigual hasta que no se experimenta. Voy a intentar explicarte cómo me sentí yo la primera vez que lo experimenté para que te hagas una idea de lo que significa.

Cuando entré en este mundo de las adquisiciones, vi a mis mentores vendiendo a más de 50.000 dólares un día de su tiempo. Quedé alucinado por dos razones. Primero, porque no entendía cómo podían ganar tanto dinero por un solo día. Segundo, porque no entendía quién en su sano juicio lo compraba. Con el tiempo, aprendí.

<u>Empezaré por el comprador</u>. Si tengo un problema poco común, y *debo* resolverlo para mi propia búsqueda de la felicidad, ese problema consumirá toda mi atención. Por la naturaleza especializada de mi problema, habrá muy pocas personas que puedan resolverlo. Esto significa que no hay una gran oferta de profesionales idóneos o "solucionadores". En muchos casos, sólo se percibe un posible "solucionador" (Oferta = 1).

Copyright © 2023 por ACQUISITION.COM, LLC - PROHIBIDA SU DISTRIBUCIÓN

Estudio de un caso de valor en la vida real

Hay muchas personas que pueden resolver el problema de: *¿cómo puedo ganar 10.000 dólares al mes?*

Pero son muchos menos los que pueden resolver este otro: *¿Cómo puedo añadir 5 millones de dólares en beneficios sin incorporar ninguna línea de producto adicional a mi negocio? (Este fue un proyecto real que me llevó 60 minutos y que dio como resultado exactamente 5 millones de dólares de ganancias finales modificando ligeramente el modelo de precios de una empresa).* Se podría decir que el propietario del negocio estuvo... "muy contento" con el resultado del acuerdo.

Más allá de eso, si resolver este problema acelera la consecución de un objetivo en un año o dos, o me hace ganar inmediatamente cientos de miles de dólares, o millones de dólares, esa solución se convierte en algo mucho más valioso, ¿no es así? Por supuesto que sí. Por lo tanto, si puedo pagarle a alguien 50.000 dólares por un día de su tiempo, y ver un aumento de 500.000 dólares al mes en los ingresos dentro de tres meses gracias a las ideas y estrategias reveladas, eso sería un retorno fabuloso de la inversión, ¿verdad?

Por lo tanto, el valor tiene dos componentes: en primer lugar, la rareza de las fuentes; en segundo lugar, el valor real proporcionado. El valor y la rareza se combinan para crear unos beneficios realmente impresionantes.

A los consultores especializados se les pagan millones de dólares por resolver problemas que valen decenas de millones para los clientes. El cliente paga por toda la experiencia y pericia del experto y se evita el costo de los errores (tiempo y dinero). En resumen, se saltean lo malo y van directamente a lo bueno más rápidamente y por menos dinero de lo que les costaría resolverlo por su cuenta... un hermoso intercambio económico.

Personalmente experimenté esto por primera vez cuando dos personas *diferentes* me ofrecieron 50.000 dólares por un día de mi tiempo después de haber hablado en un evento. Estaban expandiendo un negocio de educación en un nicho (no muy diferente al mío) y no podían pasar de la marca de $ 1M al mes. Como estaba haciendo $ 1M por *semana* en el mismo tipo de negocio (en ese momento), yo era un tipo *muy* específico de persona y tenía las claves para resolver su problema.

Entonces, ¿qué pasó? *Redoble de tambores...* No acepté sus ofertas. ¿Por qué? Porque mi negocio estaba haciendo más de $ 50.000 por día de ganancias y no quería distracciones.

Copyright © 2023 por ACQUISITION.COM, LLC - PROHIBIDA SU DISTRIBUCIÓN

Nota del autor:

Fue años más tarde que empecé *Acquisition.com* para ayudar a estas mismas personas. Pero en vez de cobrar una tarifa diaria, simplemente me convierto en un accionista de la empresa para alinear completamente los intereses a corto y largo plazo (así puedo hacer que se logren las implementaciones). Y como mi tiempo está limitado por las leyes de la física, es para todos los que estén por debajo de esa marca de $ 3M - $ 10M por año, que hago todos estos materiales de forma gratuita :)

Cuando terminó el evento y conversaba con Leila, me di cuenta de que, de alguna manera, me había convertido en "una de esas personas que siempre me habían intrigado". Fue una experiencia muy surrealista para mí. Por fin entendí cómo se gestaban *realmente* los precios premium... simple oferta y demanda. Hay pocas cosas que sustituyan a una demanda increíble. Puedes intentarlo y fingirlo, pero hay un tipo especial de vibra de "me importa un carajo" que es difícil de replicar cuando realmente no necesitas el dinero de una persona (o ni siquiera lo quieres).

Así es como estos tipos pueden cobrar tanto... porque no lo necesitan. La persona que necesita menos en el intercambio siempre tiene las de ganar. Siempre intento recordarlo. Es uno de los principios de negociación y fijación de precios que mejor me han servido en la vida.

"Pero Alex, ¿cómo me vas a enseñar a usar la escasez para aumentar la cantidad de gente que quiere mi oferta cuando en este momento no la quiere nadie?". Gran pregunta. Vamos a atacar algunas estrategias del mundo real, en la práctica, para crear escasez de forma *fiable*.

Crear escasez

Cuando hay una oferta o cantidad fija de productos o servicios disponibles para la compra, se crea "escasez" o "miedo a perderse algo". Aumenta la necesidad de actuar y, por extensión, de comprar tu oferta. Aquí es donde compartes públicamente que sólo estás regalando X cantidad de productos o que sólo puedes atender a Y nuevos clientes.

Por ejemplo, si un músico lanza una edición limitada de buzos y dice que sólo hizo 100 y que no se van a volver a fabricar, ¿es más o menos probable que lo compres frente a uno que está siempre disponible? Más probable, naturalmente. La idea de que *nunca* se podrá volver a conseguir lo hace más deseable.

Es un ejemplo de escasez. Es el miedo a perderse algo. Se basa en nuestro miedo psicológico a la pérdida para llevarnos a la acción. Los seres humanos están mucho más motivados a actuar para acaparar un recurso escaso que para actuar sobre algo que podría *ayudarlos*. El *miedo a perder* es más fuerte que el *deseo de ganar*. Esgrimiremos esta palanca psicológica para conseguir que tus clientes compren en un frenesí, todos a la vez, hasta que se *agoten* tus productos.

Tres tipos de escasez

1) Oferta limitada de plazas/productos: en general o durante X período de tiempo.

2) Oferta limitada de bonificaciones

3) Nunca más estarán disponibles

Pero, ¿cómo utilizar esto correctamente sin que resulte falso? Intentaré darte algunos ejemplos reales.

Productos Físicos

Los lanzamientos limitados son un método comprobado para utilizar este sesgo psicológico a tu favor. Puedes tener lanzamientos limitados de sabores, colores, diseños, tamaños, etc. "Este mes lanzamos 100 cajas de barritas de proteínas con sabor a galleta de chocolate y menta". Punto importante: para utilizar correctamente este método *siempre* debes agotar las existencias.

Y el motivo es el siguiente: es mejor agotar las existencias de forma sistemática que excederse en los pedidos y fracasar en la creación de esa escasez. La eficacia de este método aumenta si se repite a lo largo del tiempo (pero no con demasiada frecuencia). Una vez al mes parece ser el punto dulce para la mayoría de las empresas que conozco que hacen esto con regularidad.

Segunda nota importante: Cuando se utiliza esta táctica, también hay que informar a todo el mundo que se ha vendido todo. Esto es lo que hace que funcione tan bien. De esta manera, incluso las personas que estaban indecisas, cuando ven que se ha agotado, reciben la prueba social de que *otras personas* pensaron que valía la pena. Y ahora que la elección se

Copyright © 2023 por ACQUISITION.COM, LLC - PROHIBIDA SU DISTRIBUCIÓN

ha hecho por ellos, lo desean más porque no hay manera de que puedan conseguirlo. Así que la próxima vez que les hagas una oferta, es mucho más probable que la acepten.

Dato curioso: *Chanel*, una marca que ha mantenido márgenes y precios demenciales durante más de un siglo, es maestra de la escasez. Sólo envían 1-2 piezas de cada artículo a cada tienda, de modo que cada una tiene una selección diferente y cada artículo es el último o penúltimo en stock. Esto les permite fijar precios muy por encima del mercado y convertir los impulsos de compra en compras.

Servicios

Con los servicios, especialmente si quieres conseguir clientes de forma consistente, puede ser un poco más complicado utilizar la escasez. Pero te mostraré algunas formas sencillas de emplear la escasez éticamente para aumentar tus tasas de aceptación de ofertas. Todas ellas tienen elementos similares con ligeros retoques. Enumero estas porque alguna podría adaptarse mentalmente a tu modelo de negocio más que otras.

1) **Tope total del negocio - Sólo aceptar... X clientes**. Sólo se aceptan X clientes con este nivel de servicio (continuo). Esto pone un tope a la cantidad de los clientes que atiendes, pero también los mantiene dentro de él. Generas una lista de espera para los nuevos clientes potenciales. En cuanto se abre la puerta, entran de lleno y desaparece la resistencia al precio. Periódicamente, puedes aumentar la capacidad en un 10-20% y luego volver a limitarla. Esto funciona bien para los niveles de servicio más altos.

   a) Esto es como decir "Mi agencia sólo atenderá a veinticinco clientes en total. Punto". Con el tiempo, puedes subir los precios y expulsar a las cuentas de menor rendimiento e incorporar nuevas cuentas más rentables, o bien puedes "abrir huecos" de tanto en tanto según te lo permita tu capacidad (dejando siempre algo de demanda sin cubrir).

2) **Tope de crecimiento - Sólo aceptamos X clientes *por semana* (continuo)** "Sólo aceptamos 5 clientes nuevos por semana y ya tenemos las 3 primeras plazas ocupadas. Tengo 6 pedidos más esta semana, así que puedes tomar la plaza o lo hará uno de mis próximos clientes y tendrás que esperar hasta que volvamos a abrir." He usado este método desde el inicio de mi negocio. Siempre supe cuál era mi capacidad semanal, y opté por hacer saber a nuestros prospectos cuántas vacantes nos quedaban. Esto se basa en el hecho de que, de todos modos, sólo se puede manejar

determinada cantidad de nuevos clientes en una base regular, por lo que bien podrías hacérselos saber.

3) **Tope de cohortes: Sólo se aceptan...X clientes _por clase o cohorte_.** Similar al anterior, pero con la cadencia que desees. Sólo aceptar X cantidad por clase o cohorte durante un período determinado es otra manera de pensar en esto. Imagina que sólo inicias clientes mensual o trimestralmente. Esto te ayuda a lograr cadencias operativas en tu negocio a la vez que le permite a tu equipo de ventas crear cierta escasez legítima. Ejemplo: "Aceptamos 100 clientes 4 veces al año. Abrimos las puertas y luego las cerramos". Etc.

Consejo profesional: Ofrece acceso limitado a los servicios más caros

Estas tácticas de escasez funcionan especialmente bien para los servicios más caros. Si deseas crear talleres únicos, cursos de formación, eventos, seminarios, consultoría, etc. Estas son cosas que por su naturaleza llevan tiempo y proporcionan más oportunidades. Si los combinas con una escasez clara o cantidades fijas, asientos o plazas, la demanda aumentará rápidamente. Pero recuerda siempre tener _menos plazas disponibles de las que crees que puedes vender..._ de manera que cuando quieras volver a hacerlo en el futuro, todos _recuerden que se agotaron... rápidamente_. Se trata de una estrategia compuesta que aumenta su eficacia con el tiempo. Una de las pocas en el arsenal del marketing.

Permíteme darte un ejemplo real de escasez para aumentar el valor de este imán de clientes de forma gratuita. Si te dijera ahora mismo que tengo una lista de verificación que puedes descargar gratis que contiene todo el material de este libro en formato de viñetas, _podrías_ inclinarte a dejar este libro e ir allí a descargarla ahora.

Pero, si te dijera que la tengo configurada para que cada semana la página sólo permita que _veinte_ nuevas personas la descarguen, sería mucho _más probable_ que fueras a ver si puedes tenerla. Y, más aún, si cuando lo intentas, ves que ya se ha agotado para esa semana. ¿Resultado? Te apuntas a una lista que te avisa la próxima vez que haya veinte listas más disponibles para descargar. ¿Qué ocurre después? Cuando recibas esa notificación, pulsarás el enlace en tu teléfono e irás a la página porque no quieres volver a perdértela.

Al emplear la escasez, convertimos lo que de otro modo sería una "descarga gratuita fantástica" en algo deseable a lo que no todo el mundo tiene acceso. Además, por

Copyright © 2023 por ACQUISITION.COM, LLC - PROHIBIDA SU DISTRIBUCIÓN

extensión, es mucho más probable que lo consumas cuando lo tengas en tus manos... todo gracias a cómo controlamos la oferta. Genial, ¿verdad?

Escasez honesta (La escasez más ética)

La estrategia de escasez más sencilla es la <u>honestidad</u>. Espera, ¿qué? Deja que te lo explique.

Estoy seguro de que probablemente no podrías manejar 1.000 clientes mañana ¿verdad? Pero, ¿cuántos podrías manejar? 5? 10? 25? Bueno, lo mejor es que definas un número que estés dispuesto a aceptar en un periodo de tiempo determinado y lo anuncies. Basta con que la gente sepa que estás a tres cuartos de tu capacidad esta semana para que se animen a comprarte. O hacer saber a la gente que estás al 81% de tu capacidad total hará que la gente esté más dispuesta a contratarte "antes de perder la oportunidad". La escasez también tiene implícita la prueba social. Si estás al 81% de tu capacidad, entonces una cantidad decente de personas tomó la decisión de contratarte, y cuanto más te acerques a tu plenitud arbitraria, más rápido desaparecerán las plazas. Pero sólo tú puedes trazar dónde está esa línea de "lleno". Genial, ¿verdad?

Resumen

Emplea uno o varios métodos de escasez en tu negocio. Conseguirás que tus clientes potenciales tomen una decisión de compra más rápida y a precios más elevados. Hazles saber sus límites y deja que la psicología haga el resto.

Ahora que hemos cubierto algunas de mis tácticas de escasez favoritas que puedes utilizar durante todo el año, ¿qué más podrías hacer para aumentar la demanda *sin* cambiar nada de tu oferta? Aumentar la urgencia. Lo veremos a continuación.

Consejo profesional - Escasez extrema

Si no odias el dinero, vende un suministro *muy* limitado de acceso 1 a 1. Puedes hacerlo a través de cualquiera de los medios descritos en el "Cuadro de Entregas". Acceso por mensaje directo. Acceso por correo electrónico. Acceso telefónico. Acceso a notas de voz. Acceso por *Zoom*. Etc. Hay muchas maneras de hacer esto. Pero te prometo una cosa: si quieres ganar mucho dinero de inmediato, crea un nivel de servicio *muy* exclusivo según al acceso a ti (sí, no escalable), que se limite a un número *minúsculo*. Ponle un precio *muy* alto. Luego, díselo a la gente. Ganarás más dinero del que creías posible. También suelen ser algunos de los mejores clientes. Y limita tu entrega a algo que no odies. En mi caso, odio los correos electrónicos y los mensajes, pero no me importan las llamadas por *Zoom*. Haz que se adapte a tu estilo de trabajo. Un grupo muy selecto (el 1% del 1%) se adaptará y tomará medidas.

Consejo profesional - Si se van, no podrán volver

Puedes crear escasez poniendo también un tope a tu nivel de servicio *y* diciendo que si se van, no podrán volver. Este tipo de escasez hace que la gente lo piense mucho antes de marcharse. Empecé a hacer esto con mis gimnasios desde el principio. Luego participé en un encuentro de expertos *'mastermind'* que empleaban esto. Empecé a usarlo en mi nivel superior de *Gym Lords*. Funciona mejor con grupos pequeños (como en el ejemplo anterior). A medida que los grupos se hacen mucho más grandes, la táctica pierde eficacia (hablo desde la experiencia).

Mejora la oferta: Urgencia

"Plazos. Determinación. Decisiones."

- Yo

LA URGENCIA (POR X FECHA)
SE RELACIONA
CON EL TIEMPO

5...4...3...2...1... ¡LISTO!

La escasez es una función de *cantidad*. La urgencia es una función del *tiempo*.

Aquí *sólo* limitas *cuándo* la gente puede registrarse, *no cuántos*. Tener una fecha límite definida para que se produzca una compra o una acción crea urgencia. Con frecuencia, la escasez y la urgencia se utilizan juntas, pero voy a separarlas para ilustrar los conceptos.

Voy a mostrarte mis cuatro formas preferidas de utilizar la urgencia de manera coherente y ética: 1) Urgencia rotativa por cohorte, 2) Urgencia rotativa por temporada, y 3) Urgencia basada en precios o promociones, 4) Oportunidad explosiva. Emplearás la urgencia en tu negocio sin ser falso. Mi forma preferida de hacer esto es tener cohortes de clientes que comienzan con una cadencia regular. Esto tiene el beneficio operativo adicional de ayudarte a crear una experiencia estereotipada de incorporación para los nuevos clientes. A medida que crezca tu empresa, esto será cada vez más importante.

1) Urgencia rotativa por cohorte

Por ejemplo, si incorporas clientes cada semana (incluso en cantidades ilimitadas), puedes decir: *"Si te inscribes hoy, puedo anotarte en nuestro próximo grupo que empieza el lunes, de lo contrario tendrás que esperar hasta nuestra próxima fecha de inicio".*

Si quieres exprimirlo un poco más, puedes decir: *"De hecho, un cliente que se anotó hace unas semanas se dio de baja, así que tengo una vacante para el próximo grupo que empieza el lunes. Si estás seguro de que vas a hacer esto en algún momento, es mejor que te anotes ahora para que puedas empezar a recoger los frutos antes en lugar de pagar lo mismo y esperar".*

Copyright © 2023 por ACQUISITION.COM, LLC - PROHIBIDA SU DISTRIBUCIÓN

Los dos ajustes anteriores han impulsado muchas ventas al límite con sólo recordar a un cliente potencial que si se inscribe, empezará el lunes, y que si no lo hace, tendrá que esperar una semana. Son pequeñas cosas como esta las que empujan a la gente a tomar la decisión que saben que deben tomar de todos modos.

Obviamente, cuanto menos frecuente sea el inicio de nuevos clientes, más potente será esto. Por ejemplo, si sólo inicias clientes dos veces al año, la gente se sentirá muy inclinada a inscribirse, sobre todo a medida que se acerque la fecha. Incluso iniciar nuevos clientes cada dos semanas puede conferir este empujón de urgencia.

¿Y si pierdo ventas por rechazar negocios?

Igual que con las garantías, siempre existe el temor de ganar menos dinero empleando esta estrategia. Tenemos miedo de perder ventas que habríamos conseguido de otro modo. Todos los expertos en marketing del planeta te van a decir que: es un miedo infundado. Las mayores ventas en una campaña o lanzamiento de una semana de duración se producen en las últimas 4 horas del último día (hasta un 50-60%). Eso significa que el último 3% del tiempo asignado crea el 50-60% de las ventas... es completamente ilógico, pero también inequívocamente *humano*. Así que, al igual que con una garantía, ganarás más dinero de las muchas personas que decidieron pasar a la acción, que de las personas que realmente se perdieron la oferta porque, en realidad, esas personas nunca iban a comprar (diablos, ni siquiera compraron cuando tenían su cuota libre, así que ¿por qué iban a hacerlo ahora?) Es bueno recordarlo.

Qué hacer si acabas de empezar una cohorte y alguien quiere comprar....

Tienes dos opciones: 1) puedes ofrecerles una rápido incorporación personalizada para que se pongan al día como "premio" por anotarse hoy y aún así conseguir que entren. O, como prefiero yo, 2) puedes explicarles que, como el próximo grupo empieza dentro de poco, tendrán la ventaja de disponer de más tiempo para revisar el material, hablar con sus empleados (en el caso de los productos B2B) o con sus familiares (en el caso de los productos B2C). Además, tendrán a disposición un plan de pago más amplio que sólo podrás poner a su disposición por estar tan lejos la fecha de inicio... una ventaja que la mayoría de los clientes no obtienen. Al final, recuerda, tú siempre tienes la ventaja porque eres el que lleva la voz cantante.

Copyright © 2023 por ACQUISITION.COM, LLC - PROHIBIDA SU DISTRIBUCIÓN

2) Urgencia rotativa por temporada

En un entorno digital, tener cuentas regresivas reales para la fecha de inscripción es *muy* útil. Pero asegúrate de que sean reales. Si no lo son, perderás credibilidad y te parecerás *a cualquier otro aspirante a vendedor*. Esto es muy común con los negocios de Internet que utilizan modelos de "lanzamiento". Personalmente *me encanta* tener las fechas en las que estoy ejecutando una promoción en mis páginas de destino *y* en mi contenido. Quiero que sea visible en todas partes. Lo bueno es que siempre se puede disparar otra campaña publicitaria y una nueva página de destino con nuevas fechas. Verás cómo tus conversiones se disparan, y sólo te llevará cinco minutos de edición, es una inversión de tiempo que vale la pena.

Ejemplo: ¡Nuestra promoción de Año Nuevo termina el 30 de enero!

El mes siguiente: ¡Nuestra promoción de San Valentín termina el 30 de febrero!

El mes siguiente: ¡Nuestra promoción de sexy para la primavera termina el 31 de marzo!

El mes siguiente: ¡Nuestra promoción de "Tontos enamorados" en abril termina el 30 de abril!

La promoción en sí puede ser la misma, pero nombrarla "por temporada" aporta un diferenciador "real" que le da un comienzo y un final. Los plazos impulsan las decisiones. Con sólo tenerlos, puedes señalarlos y dejar que los humanos se empujen al límite para no perdérselos.

Consejo profesional - Empresas locales: esta es mi estrategia número uno para las empresas locales. Deben variar su marketing con mayor frecuencia que los anunciantes nacionales. Poner un nuevo envoltorio con una fecha en el mismo servicio principal te da una urgencia y una novedad que superarán sistemáticamente a las campañas "de siempre".

---

3) Urgencia basada en precios o promociones

Esta es otra forma de crear urgencia utilizando tu oferta o promoción/estructura de precios como algo que los clientes podrían perderse (¡es brillante!). Permite a las empresas que venden a sus clientes durante todo el año seguir utilizando la urgencia. Por ejemplo:

"Sí, empecemos hoy mismo para que pueda beneficiarse del descuento por el que ha venido. No estoy seguro de cuánto tiempo lo mantendremos, ya que los cambiamos cada 4 semanas más o menos, y éste es uno de los mejores que hemos hecho en mucho tiempo".

Esto crea cierto temor a perderse la promoción (o el descuento o la bonificación) en lugar de tu servicio real. Sería mentira decir que si tienes un negocio de tejados no les vas a dar el servicio si compran después de la fecha. Pero, hablando específicamente de la promoción, a menudo puedes provocar la misma urgencia de compra en el cliente potencial, manteniendo al mismo tiempo tu integridad: todos salen ganando. Puedes alternar entre una promoción de precios, un descuento o bonificaciones extra, como la instalación o el mantenimiento gratuitos o un taller adicional (valorado en 1.000 dólares) si compran ahora. Todas estas son cosas que puedes implementar en torno a tu oferta principal para crear urgencia.

Consejo profesional - Limpia tu lista de espera con cada cambio de precio: Si alguna vez planeas subir tus precios (¡ojalá sea pronto si estás leyendo este libro!) entonces siempre puedes limpiar tu lista de espera haciendo saber a la gente que: "¡El precio va a subir! Así que ¡entra ahora!". Nunca subas los precios sin avisar. Esto demuestra una posición de fuerza y te dará una buena entrada de dinero de las personas que estaban a la espera.

---

4) Oportunidad explosiva

A veces expondrás al cliente potencial a una oportunidad de inversión. Como todas las grandes oportunidades, la oportunidad en sí tiene un límite de tiempo. Cada segundo que alguien se retrasa, se pierde una ganancia desproporcionada.

Ejemplo: Si estuviera explicando una oportunidad de arbitraje entre comprar productos en *eBay* y venderlos en *Amazon*, esta ineficiencia del mercado se corregiría con el tiempo. Cuanto antes actúe una persona, mejor para ella. Esto podría ser cierto para venderle a alguien la oportunidad de operar con criptomonedas, comprar una acción, entrar en una nueva plataforma para anunciarse antes de que los competidores se suban al carro. En los entornos de trabajo altamente competitivos a menudo se presentan "ofertas explosivas", cada día que esperan para tomar el trabajo sus salarios o bonificaciones disminuyen. Esto obliga a los prospectos a tomar decisiones rápidas en lugar de intentar "esperar" a ver si consiguen una mejor oferta.

Copyright © 2023 por ACQUISITION.COM, LLC - PROHIBIDA SU DISTRIBUCIÓN

Todos estos ejemplos muestran oportunidades que decaen con el tiempo, así que si te encuentras ante una oportunidad como ésta, ¡asegúrate de hacer hincapié en ella!

Resumen

Poner una fecha límite e incorporar una o varias formas de urgencia hará que actúen más personas que de otro modo. He utilizado estos cuatro métodos con gran eficacia. Te sugiero que hagas lo mismo. A continuación: ...¡Regalos!

Regalo No. 7. Tutorial gratuito: Cómo utilizar éticamente la escasez y la urgencia

Si deseas ver algunos ejemplos (éticos) de escasez y urgencia conmigo, entra a Acquisition.com/training/offers y selecciona **"Escasez y Urgencia"** para ver un breve tutorial en vídeo. Podrás obtener la **Lista de Verificación de Escasez y Urgencia** que utilizo cuando creo ofertas. También puedes escanear el código QR si no te gusta escribir. Como siempre, es totalmente gratis. ¡Que lo disfrutes!

Copyright © 2023 por ACQUISITION.COM, LLC - PROHIBIDA SU DISTRIBUCIÓN

Mejora la oferta: Bonificaciones

"¡Todo es salsa!"

- Expresión que significa que todo es un lujo y disfrute según un viejo refrán inglés.

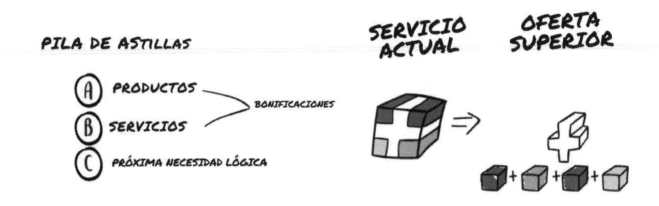

Tengo que agradecer especialmente a Jason Fladlien mi renovado aprecio por las bonificaciones. Son tan poderosas que se han ganado un capítulo entero. En este capítulo, voy a cubrir: qué ofrecer, cómo elegirlas, cómo valorarlas, cómo presentarlas y cómo ponerles precio.

El punto principal que quiero que saques de esto es que *una sola oferta es menos valiosa que la misma oferta dividida en sus partes componentes agrupados como bonificaciones (ver imagen)*. Hemos elaborado la totalidad de nuestra oferta al final de la última parte. Esta parte trata de cómo presentar esas piezas y en qué orden. Por ejemplo, puede que haga muchas cosas en mi servicio, pero hasta que no las enumere, nadie las va a conocer. Por eso todos los infomerciales de todos los tiempos continúan diciendo: "Pero espere... ¡hay más!".

No utilizarían estas técnicas si no fueran eficaces, ya que cada segundo de emisión cuesta dinero y debe justificarse con el retorno de la inversión. También te darás cuenta de que si ves esos viejos infomerciales, te venderían un cuchillo por 38,95 dólares y luego incluirían otros 37 cuchillos, afiladores, sartenes y garantías para vencer al cliente potencial y llevarlo hasta la sumisión. Establecen el precio y luego lo amplían hasta que el cliente cree que *es una oferta tan buena que sería estúpido dejarla pasar*.

La razón por la que esto funciona es que aumentamos la discrepancia precio/valor del cliente potencial incrementando el valor ofrecido en lugar de reducir el precio. Anclamos

Copyright © 2023 por ACQUISITION.COM, LLC - PROHIBIDA SU DISTRIBUCIÓN

el precio que les decimos a la oferta principal. Luego, con cada bonificación más valiosa, la discrepancia crece más y más hasta que es demasiado grande para soportarla y rompemos la goma elástica que sujeta la billetera en sus bolsillos.

Ahora vamos a presentar esa "pila" de componentes entregables que hemos reunido antes, de una forma que los haga irresistibles.

Consejo profesional: Agrega bonificaciones en vez de descuentos siempre que sea posible en las ofertas principales

Cuando intentes cerrar un trato, nunca hagas descuentos en la oferta principal. Esto enseña a tus clientes que tus precios son negociables (lo cual es terrible). Agregar bonificaciones para aumentar el valor y cerrar el trato es muy superior a recortar los precios. Te coloca en una posición de fuerza y buena voluntad en lugar de debilidad.

Presentar bonificaciones uno-a-uno vs. venta en grupo

Existen diferencias clave entre vender a un grupo o a una sola persona. La venta en grupo está fuera del alcance de este libro. Pero, quiero abordar cuándo se plantearía una bonificación en un escenario de venta 1-a-1. Cuando se vende cara a cara, *primero* se presenta la venta, antes de ofrecer las bonificaciones. Si acceden, después de que se hayan inscrito, les informas de las bonificaciones *adicionales* que van a recibir. Esto crea una *experiencia sorprendente* y refuerza su decisión de comprar.

Por otro lado, si la persona *no* compra después de la primera propuesta, entonces le presentas una bonificación que coincida con su obstáculo percibido, y luego le vuelves a presentar la propuesta. No te sientas raro por volver a ofrecer lo que tienes. Simplemente dale la razón al cliente potencial, añade la bonificación y pregúntale si esta bonificación es "suficientemente justa". A la gente le cuesta rechazar la reciprocidad, así que añade una bonificación para complacer, luego otra, luego otra, y se sentirán casi obligados a comprarte.

Si recuerdas nuestro capítulo "Recorta y agrupa", cada una de estas bonificaciones se convierte en un arma si se presenta en el momento perfecto. Vamos a proporcionarles todas estas bonificaciones de todos modos, pero aumenta la percepción del valor de nuestra oferta mediante la superposición de estas bonificaciones de a una.

Claves de las bonificaciones

Dicho esto, hay algunas cosas clave que debes recordar cuando ofrezcas bonificaciones:

1) Ofrécelas siempre (puedes utilizar el conjunto de viñetas que propusimos al final de la Parte III).

2) Dales un nombre especial que incluya un beneficio en el título

3) Diles:

    a) Cómo se relacionan con su problema

    b) En qué consisten

    c) Cómo las descubriste o qué tuviste que hacer para crearlas

    d) Cómo mejorará específicamente sus vidas o su experiencia.

        i) Más rápido, más fácil o menos esfuerzo/sacrificio (ecuación del valor)

4) Proporciona alguna prueba (puede ser una estadística, un cliente anterior o una experiencia personal) que demuestre que son algo valioso.

5) Presenta una imagen mental vívida de cómo serán sus vidas *suponiendo* que ya las hubieran usado y estuvieran experimentando sus beneficios.

6) Atribúyeles siempre un precio y justifícalo.

7) Las herramientas y las listas de verificación son mejores que la capacitación adicional (el esfuerzo y el tiempo son menores en el primer caso, por lo que el valor es mayor. La ecuación de valor sigue reinando).

8) Cada una de ellas debe abordar una preocupación/obstáculo específico en la mente del cliente potencial sobre por qué piensan que no podrían tener o no tendrán éxito (la bonificación debe demostrar que su creencia es incorrecta).

9) Estas también podrían satisfacer lo que lógicamente se darán cuenta de que necesitarán a continuación. Quieres resolver su próximo problema antes incluso de que se lo planteen.

10) El valor de las bonificaciones debe eclipsar el valor de la oferta principal. Psicológicamente, a medida que sigues agregando ofertas, aumenta la discrepancia entre el precio y el valor. También, inconscientemente comunicas que la oferta principal debe ser valiosa porque si estas son las bonificaciones, lo principal tiene

Copyright © 2023 por ACQUISITION.COM, LLC - PROHIBIDA SU DISTRIBUCIÓN

que ser más valioso aún ¿no? (No, pero puedes utilizar este sesgo psicológico para hacer que tu oferta parezca tremendamente convincente).

11) Puedes aumentar aún más el valor de tus bonificaciones añadiendo escasez y urgencia a las propias bonificaciones (lo que lleva a esta técnica al nivel de los esteroides).

    a) <u>Bonificaciones con escasez</u>

        <u>Versión 1</u>: Sólo las personas que se inscriban en el programa XZY tendrán acceso a mis Bonificaciones No. 1, 2, 3 que nunca están a la venta o disponibles en ningún otro lugar que no sea a través de este programa.

        <u>Versión 2</u>: Me quedan 3 entradas para mi evento virtual de $ 5.000. Si compran este programa pueden conseguir una de las últimas 3 entradas como bonificación.

    b) <u>Bonificaciones con urgencia</u>

        <u>Versión 1</u>: Si compran hoy, voy a añadir una bonificación XYZ que normalmente cuesta $ 1.000, de forma gratuita. Y lo haré porque quiero recompensar a los que toman acción.

    c) Con suerte, puedes ver las sutiles diferencias. Los dos primeros ejemplos no están limitados por el tiempo. Afirman que si compran el programa obtendrán cosas que normalmente no podrían conseguir. La bonificación con urgencia se refiere a que compren *hoy*, y si no compran hoy, pierden esas bonificaciones. Diferencia menor, pero digna de mención.

12) También puedes hacer que una garantía sea en sí misma una bonificación. Ejemplo: "Quiero quitarle cualquier miedo que tenga a tomar la decisión hoy. Así que, si decide avanzar hoy, también le daré una garantía de devolución del dinero de 30 días, que normalmente no ofrezco."

Bonificaciones de nivel avanzado - Productos y servicios de terceros

Puedes conseguir que otras empresas te ofrezcan sus servicios y productos como parte de tus bonificaciones a cambio de una exposición gratuita ante tus clientes. Esto es marketing gratis para ellos y productos de alto valor para ti sin costo alguno. Las empresas harán esto porque vas a dar a su negocio una exposición gratuita a los clientes potenciales de mayor calidad, tus clientes. Siempre y cuando no sean competidores directos, puedes conseguir algunos puntos, asegurar algunos pagos futuros y hacer tu oferta más valiosa al mismo tiempo. Si te aseguras un número suficiente de estas relaciones, puedes justificar literalmente todo tu precio con el ahorro y las bonificaciones adicionales por precio real.

Por ejemplo, si tuviera una clínica del dolor, podría conseguir que un masajista me diera 1-2 masajes gratuitos a cambio de incorporarlos en mi oferta. Además de eso, podría conseguir:

...un quiropráctico que me de dos sesiones gratis. (Valor: $100)

...que una empresa de alimentos bajos en inflamación me haga descuentos en sus productos (ahorro de $ 50)

...descuentos en aparatos ortopédicos ($ 150 de ahorro)

...un gimnasio de la zona que me ofrezca una sesión de entrenamiento personal gratuita y un mes gratis de abono a su piscina (valor de $ 100).

...descuentos en medicamentos de la farmacia local (ahorro de $ 100 al mes).

...repetir lo anterior con varios proveedores de servicios (si consigo que diez quiroprácticos me den una sesión gratis, tendré diez sesiones gratis en mi paquete).

...etc.

Ahora bien, si mi oferta fuera de $ 400, entonces el valor de estas bonificaciones gratuitas POR SÍ SOLAS vale más que los $ 400.

Como si eso no fuera ya lo suficientemente impresionante, si realmente quieres ser un Jedi, negocia un descuento grupal *y además* una comisión para ti. Esto es exactamente lo que hicimos con nuestra empresa de suplementos. A los clientes propietarios de gimnasios que utilizan *Prestige Labs* los llamamos "atletas patrocinados". Obtienen un 30% de descuento en nuestros productos para ellos. Y, además de eso, cuando los venden, se les paga el 40% de todas las ventas netas después de aplicado el descuento.

Así que todos salen ganando. Tus clientes lo consiguen por un 30% menos que en nuestro sitio principal. Ellos cobran por ofrecer descuentos exclusivos. Y nosotros conseguimos clientes a cambio de la comisión pagada. Todos salimos ganando.

Si nos estás siguiendo, cada una de estas bonificaciones puede convertirse en una fuente de ingresos para ti indirectamente al conseguir que los clientes digan SÍ más fácilmente, y directamente porque puedes negociar que cada uno de estos negocios te pague por las personas que les envíes.

Así que digamos también que negociamos las siguientes "comisiones de afiliado" por hacer la introducción a estos negocios.

...el quiropráctico te da $ 100 por persona que acuda a su consulta

...la empresa de alimentos te da comida gratis (¡qué rico!)

...la empresa de aparatos ortopédicos te da $ 100 por persona recomendada

...un gimnasio te regala un abono o $ 50 por cada persona que se inscriba

...la farmacia te da $ 100 por persona

Ahora veamos cuánto dinero hemos ganado... nuestra oferta de 400 dólares tiene ahora la posibilidad de hacernos ganar 350 dólares más... *¡pura ganancia!* Esa es la belleza de estas relaciones. Los otros negocios te pagarán y tú no tienes que hacer *nada más* que referirles clientes en los que ya has gastado el dinero para adquirir.

Y si *realmente* quieres volverte loco, inventa una oferta Grand Slam con estos negocios asociados utilizando los mismos conceptos del libro para que cada una de las bonificaciones en sí se convierta en algo aún más valioso que un simple servicio mercantilizado.

Regalo No. 8. BONIFICACIÓN...sobre...BONIFICACIONES

Hay un millón de maneras de utilizar bonificaciones en tus ofertas. Puedes conseguir que la gente actúe más rápido. Puedes anclar el precio y el producto (poco conocido). Puedes lograr que más personas digan que sí. Si quieres hacer una inmersión profunda en vivo conmigo en esto, entra a Acquisition.com/training/offers y selecciona **"Creación de bonos"** para ver un tutorial corto en video. También tengo una **Lista de verificación de bonificaciones gratuita** que utilizo al crear ofertas. ¡Adáptala a tu propio negocio en casa! También puedes escanear el código QR si no te gusta escribir.

Copyright © 2023 por ACQUISITION.COM, LLC - PROHIBIDA SU DISTRIBUCIÓN

Resumen

Queremos emplear bonificaciones porque amplían la discrepancia entre precio y valor y consiguen que compren personas que de otro modo no lo harían. Aumentan enormemente la percepción que tienen los clientes potenciales del valor de nuestra oferta. Así que esto es lo que debemos hacer:

1) Crear listas de verificación, herramientas, archivos, *scripts*, plantillas y cualquier otra cosa que llevaría mucho tiempo y esfuerzo crear por uno mismo, pero que sería fácil de usar una vez creada. Cualquier cosa en la que se pueda invertir una sola vez y cuya creación cueste claramente tiempo o dinero, pero que se pueda regalar infinitas veces, es perfecta para una bonificación.

2) Además, acostúmbrate a grabar cada taller, cada seminario Web, cada evento, cada entrevista y utilízalos como bonificaciones adicionales (según sea necesario para superar un obstáculo percibido).

3) Negocia proactivamente descuentos grupales y una comisión por recomendación con empresas adyacentes que resuelvan necesidades que tu cliente obtendrá como resultado de iniciar este proceso contigo. ¿Qué es lo siguiente que pueden desear? Ve a esos negocios, consigue un trato para ellos que nunca podrían conseguir por sí mismos (porque estás negociando con el poder adquisitivo de todos tus clientes a la vez, y eso es muy poderoso).

Nota del Autor: Cuanto más tiempo lleves en el negocio, más de estos activos adicionales tendrás a su disposición. Todas estas cosas son valiosas. Guárdalas en una cámara acorazada y mantenlas en tu bolsillo trasero para espolvorearlas en una oferta con el fin de cerrar el trato. Los productos informáticos funcionan muy bien en este caso porque tienen un alto valor percibido, un bajo costo y ningún esfuerzo operativo aparte de ofrecer un inicio de sesión adicional. Las entradas para experiencias o eventos virtuales también funcionan. Lo mismo ocurre con un nivel superior de servicio con costo fijo, como ofrecer a alguien un servicio VIP durante un mes (lo que también sirve como forma de venderles un nivel superior de servicio para mantenerlos en él... trataremos más sobre el tema en el Libro II).

¿Qué debería ser una bonificación vs. una parte de la oferta básica si soy yo quien la cumple?

Respuesta breve: El factor sorpresa, es decir, algo que no querrías que nadie se perdiera. Muchas veces tienes tantas "cosas" que ofrecer a tus clientes (algo bueno) que las pepitas valiosas pueden perderse en la mezcla. Lo mejor es que elijas las más destacadas, las que puedan sostenerse por sí solas, y las destaques. Esto es especialmente cierto para las cosas que son cortas en duración pero de alta calidad o valor. Las listas de control o las infografías pueden condensar mucha información en poco espacio. Puede que a alguien no le parezca justificado pagar mucho dinero por un mapa de lanzamiento de un producto (por ejemplo), pero como extra se percibiría como muy valioso.

Lo siguiente...

Tenemos nuestra oferta principal. La presentamos de forma que aumente la escasez y la urgencia para aumentar la probabilidad de que la quieran aún más. Hemos agrupado las bonificaciones de nuestra oferta para que la discrepancia entre precio y valor sea de otro mundo y rompa la mente de nuestros clientes potenciales. Lo siguiente en nuestro viaje mágico será abordar el gran elefante en la habitación... el riesgo. Lo eliminaremos por completo mediante una combinación de garantías para que no tengan motivos para no comprar.

Copyright © 2023 por ACQUISITION.COM, LLC - PROHIBIDA SU DISTRIBUCIÓN

Mejora la oferta: Garantías

"Te va a gustar cómo te ves... te lo garantizo".

- El anuncio de *Men's Warehouse* que duró toda la vida.

La mayor objeción a cualquier producto o servicio que se venda es... redoble de tambores... *el riesgo*. El riesgo de que no haga lo que se supone que tiene que hacer por ellos. Por lo tanto, revertir el riesgo es una forma inmediata de hacer más atractiva cualquier oferta. Tendrás que dedicar una cantidad desproporcionada de tiempo a averiguar cómo quieres revertirlo. Dicho esto, ¿cuánto más atractiva puede hacer una oferta una garantía?

Jason Fladlien, a quien mencioné anteriormente, afirmó en una ocasión que había visto cómo la conversión de una oferta se multiplicaba por 2 o por 4 simplemente cambiando la calidad de la garantía. Es así de importante.

Desde una perspectiva general, existen cuatro tipos de garantías: 1) Incondicional 2) Condicional 3) Antigarantía 4) Garantías implícitas. *Siempre* hay que golpear fuerte con la garantía, aunque no se tenga. Dilo con valentía y explica por qué.

Pero, ¿no se aprovechará la gente de una garantía disparatada?

A veces, pero normalmente no. Dicho esto, hay que entender las matemáticas. Si cierras el 130% de las ventas y tu porcentaje de devoluciones se duplica del 5% al 10%, habrás ganado 1,23 veces más dinero, es decir, un 23% más, y todo ello va a parar a la cuenta de resultados.

Ejemplo: 100 ventas, 5 devoluciones (5%) = 95 ventas netas

Oferta de Garantía 130 ventas, 13 devoluciones (10%)= 117 Ventas netas

117/95 = 1,23x (23% de aumento)

Copyright © 2023 por ACQUISITION.COM, LLC - PROHIBIDA SU DISTRIBUCIÓN

No te emociones, haz las cuentas. Para que una garantía no valga la pena, el aumento de las ventas tendría que compensarse al 100% con las personas que reembolsaran. Así que un aumento absoluto de las ventas del 5% tendría que verse compensado por un aumento absoluto de las devoluciones del 5% (pero eso podría ser una duplicación de las devoluciones, lo que es poco probable). Así que, en la mayoría de los casos, cuanto mayor sea la garantía, mayor será el aumento neto de las compras totales, aunque el índice de devoluciones aumente paralelamente.

Advertencia: Mientras que las garantías pueden ser eficaces vendedoras, las personas que compran *debido* a las garantías pueden convertirse en clientes de mierda. Una persona que sólo compra por la garantía es una persona que puede no estar dispuesta a poner el trabajo necesario para ver el éxito con tu producto o servicio. En un mundo en el que se quiere invertir el riesgo *y* conseguir que los clientes obtengan el mejor resultado posible, vincular tu garantía a las cosas que tienen que hacer para tener éxito puede ayudar a todas las partes.

Consejo profesional: Advertencia sobre servicios de alto costo

Si tu producto o servicio tiene un costo muy elevado, es probable que desees emplear una garantía condicional o una ANTI garantía, ya que tendrás que asumir el costo de la devolución **Y** el costo del cumplimiento.

Tipos de Garantías

"SI NO LOGRA X I N Y TIEMPO LO HAREMOS...

Lo que hace que una garantía tenga poder es una declaración condicional: "Si no obtienes X resultado en Y período de tiempo, haremos Z".

Para dar una garantía *mejor que la devolución del dinero* tienes que decidir qué harás si *no* obtienen el resultado. Sin el "o qué" de la garantía, esto suena débil y diluido.

Nota: Esto es lo que hacen la mayoría de los vendedores.

Mal ejemplo: Le conseguiremos 20 clientes garantizados.

Mejor ejemplo: Conseguirá 20 clientes en sus primeros 30 días, o le devolvemos su dinero + los dólares que invirtió en publicidad con nosotros. Esta es una garantía simple, pero fuerte.

Aquí tienes los cuatro tipos de garantías. Las repasaré en teoría y luego las aplicaremos.

1) Garantías incondicionales

Como he dicho antes, hay garantías incondicionales, condicionales y "anti" garantías. Las incondicionales son las garantías más fuertes. Básicamente son una prueba en la que primero pagan y luego ven si les gusta. Esto hace que MUCHA más gente compre, pero *habrá* quien devuelva el dinero, sobre todo porque la cultura de consumo sigue evolucionando hacia tener derechos pero cero responsabilidad.

2) Garantías condicionales

Las garantías condicionales incluyen "términos y condiciones". En este tipo de garantías puedes ser MUY creativo. En general, se trata de garantías "mejores que la devolución del dinero". Porque si van a hacer una inversión, tú quieres igualar psicológicamente su inversión con un compromiso percibido igual o mayor. También pueden tener un efecto *muy* poderoso en la obtención de resultados por parte de los clientes. Si conoces las acciones clave que alguien debe realizar para tener éxito, hazlas parte de la garantía condicional. En un mundo perfecto, el 100% de tus clientes tendrían derecho a una garantía condicional, pero habrán conseguido su resultado y, por lo tanto, no querrán aceptarla. Ese es un ideal al que todos podemos aspirar. Y para tu información, si se les da la opción de obtener un reembolso o el resultado que se les prometió, la gran mayoría de la gente aceptará el resultado.

3) Anti-garantías

Una Anti-garantía es cuando declaras explícitamente que "todas las ventas son definitivas". Querrás adueñarte de esta posición. Deberás encontrar una "razón" creativa por la que las ventas sean definitivas. Normalmente, querrás mostrar una gran exposición o vulnerabilidad por tu parte que un consumidor pueda entender inmediatamente y pensar "Sí, tiene sentido". Este tipo de garantías son especialmente importantes con artículos consumibles o cuyo valor disminuye enormemente una vez entregados.

4) Garantías implícitas

Las garantías implícitas son ofertas basadas en los resultados. Pueden adoptar muchas formas: *Revshare* (ganancias compartidas), *Profitshare* (participación en los dividendos), disparadores, *Ratchets* (distribución de capital entre los socios), bonos monetarios, etc. son todos ejemplos. El concepto final es el mismo: si no obtengo resultados, no cobro. Esta estructura en particular también confiere la ventaja de "si hago un gran trabajo, me remunerarán muy bien". Esto sólo funciona en situaciones en las que hay transparencia para medir los resultados y la confianza (o control) en que se recibirá una remuneración cuando efectivamente haya rendimientos.

Acumulación de garantías

Un vendedor con experiencia sabe que, al igual que las bonificaciones, las garantías se pueden *acumular*. Por ejemplo, puedes ofrecer una garantía incondicional de 30 días sin preguntas y, además, una garantía condicional de 90 días con devolución del triple de tu dinero. Ese sería un ejemplo de una garantía incondicional y una condicional agrupadas.

También puedes agrupar dos garantías condicionales en torno a resultados diferentes (o secuenciales). Por ejemplo, ganarás 10.000 dólares en 60 días, 30.000 dólares en 90 días siempre que hagas las cosas 1, 2 y 3. De este modo, el cliente potencial se aproxima a un resultado que ahora considera mucho más probable (ya que tú lo detallarás deliberadamente en una garantía condicional con un plazo para su consecución). Esto demuestra al cliente potencial que te tomas en serio la obtención de resultados y que estás convencido de que conseguirán lo que desean. Esto desplaza la carga del riesgo de ellos a nosotros... es una estrategia muy poderosa.

Veamos algunos ejemplos de garantías:

Garantía: Si no obtienes X en un período de tiempo Y, haremos [insertar oferta]...

Garantía de Reembolso [Incondicional] "Sin cuestionamientos"

<u>**Lo que obtiene el cliente**</u>: A) un reembolso total, B) un reembolso del 50%, C) un reembolso de su inversión en publicidad y de los costos adicionales incurridos, D) el pago de un programa de la competencia en su lugar, E) la devolución de su dinero más 1.000 dólares adicionales (u otra cantidad aplicable).

<u>**Mi opinión**</u>: Esto no puede ser más simple. También es muy arriesgado. Tú te pones en una situación en la que si alguien no logra los resultados, ya sea por tu culpa o no, seguirás siendo responsable. Evidentemente, es una garantía fuerte, pero poco original. Puedes añadir condiciones, pero cuantas más condiciones agregues, más rápido perderá esta garantía sus beneficios.

Copyright © 2023 por ACQUISITION.COM, LLC - PROHIBIDA SU DISTRIBUCIÓN

Redacción: Escuché a Jason Fladlien, a quien me referí anteriormente, lanzar su garantía incondicional en un seminario Web y me pareció increíble. Estas son 100% sus palabras y no las mías. No me atribuyo el mérito, pero lo he incluido para completar la información.

"No te pido que te decidas hoy por sí o por no... Te pido que tomes una decisión plenamente informada, eso es todo. La única manera de tomar una decisión con conocimiento de causa es desde adentro, no desde afuera. Así que entra y comprueba si todo lo que decimos en este Webinar es cierto y valioso para ti. Entonces, si lo es, puedes decidir quedártelo. Si no es para ti, no habrá rencores. Entonces, después de inscribirte en la URL podrás tomar una decisión totalmente informada de que esto no es para ti. Pero no puedes tomar esta decisión ahora mismo por la misma razón por la que no compras una casa sin antes verla por dentro. Y sepan esto... ya sea dentro de 29 minutos o dentro de 29 días... si ustedes no están contentos, yo no estaré contento. Por la razón que sea, si quieres que te devuelva el dinero puedes conseguirlo porque sólo quiero quedarme con tu dinero si estás contento. Lo único que tienes que hacer es ir a support@xyz.com y decirnos "dame mi dinero" y lo tendrás, y en poco tiempo - nuestros tiempos de respuesta a cualquier petición de soporte son de 61 min en promedio, 24/7. Sólo se puede hacer una garantía de este tipo cuando se está seguro de que lo que tienes es el verdadero negocio y estoy bastante seguro de que cuando te registras en la URL estás recibiendo exactamente lo que necesitas para BENEFICIARTE."

Consejo profesional: Dale un nombre atractivo a tu garantía

Si vas a ofrecer una garantía, dale un toque picante. En lugar de utilizar "satisfacción" o alguna otra palabra "aburrida", descríbela con más fuerza.

Ejemplo genérico (malo): Garantía de satisfacción le devolvemos su dinero en 30 Días.

Ejemplo de imagen creativa No. 1 (Bueno): En 30 días, si no salta a aguas llenas de tiburones para recuperar nuestro producto, le devolveremos cada dólar que haya pagado.

Ejemplo de imagen creativa No. 2 (Genial): Obtendrá nuestra famosa "Garantía: mate a una foca bebé" después de 30 días de utilizar nuestros servicios si no mataría a una foca bebé para seguir siendo nuestro cliente, no tendrá que pagar ni un centavo.

Garantía de reembolso [Incondicional] basada en la satisfacción (ampliada a partir de la anterior):

Lo que obtiene el cliente: Si en algún momento no están satisfechos con el nivel de servicio que están recibiendo de ti, pueden solicitar un reembolso (en cualquier momento) por el programa.

Mi opinión: Lo creas o no, esta era mi garantía cuando vendía programas para perder peso. Además de ser una oferta irresistible, garantizaba la satisfacción. Utilicé la fuerza de mi garantía para cerrar muchos tratos. "¿Crees que seguiría en el negocio si diera una garantía tan loca como esa y no fuera bueno en lo que hago? Ahora bien, *no* te garantizo que vayas a alcanzar este objetivo en seis semanas, después de todo, porque no puedo comer la comida por ti. Pero te estoy garantizando que recibirás $ 500 de valor y servicio de nuestra parte para apoyarte. Si no sientes que te hemos dado ese nivel de servicio, te haré un cheque el día que me digas que apestamos."

Funciona perfectamente con un cierre en base al mejor y al peor de los casos. "En el mejor de los casos, logras tener el cuerpo de tus sueños y te damos todo tu dinero para que te quedes con nosotros y consigas tu objetivo a largo plazo. En el peor de los casos, me dices que soy malísimo, te hago un cheque y te doy seis semanas de entrenamiento gratis. Ambas opciones están libres de riesgo. Pero lo único que te garantizo que <u>no</u> te va a ayudar es irte de aquí hoy mismo". Si eres bueno en lo que haces, puedes usar una garantía como esta para empujar a mucha gente al límite. Esa frase me hizo ganar mucho dinero. De 4.000 ventas en tres años y medio, dos la utilizaron.

Satisfacción/Sin condiciones es la forma más alta de garantía. Significa que podríamos hacerlo todo bien y aun así podrías pedir que te devolvamos el dinero. Siempre que conozcas las matemáticas, normalmente compensarás las devoluciones con un cierre mayor y más rápido de las ventas. *Pero tienes que ser bueno cumpliendo tus promesas.* Si no, mantente alejado. Creo que esta oferta funciona mucho mejor en situaciones de menor venta. Se vuelve muy arriesgada a medida que te adentras en servicios de mayor venta con mayores costos de cumplimiento.

Consejo profesional: Incondicional vs. Condicional según el tipo de empresa

Las garantías más amplias funcionan mejor con negocios B2C de bajo costo (muchos no se molestarán en tomarse el tiempo necesario). Cuanto más alto sea el precio y más orientado al negocio esté, más querrás orientarte hacia garantías específicas. Estas pueden incluir o no reembolsos, y pueden tener o no condiciones.

Consejo profesional: Las garantías como zanahoria para el pago por adelantado

No es necesario que garantices todo lo que vendes. En su lugar, puedes optar por garantizar un plan de pago específico o una opción que desees que alguien tome. De este modo, una garantía incentiva una acción deseada. Te lo explicaré.

Imagina que ofreces algún tipo de servicio. Después de que esa persona aceptara pagar, podrías decirle: *"¿Quieres pagar menos dinero o que te devolvamos todo tu dinero?"*. Ellos pedirían una aclaración. Entonces podrías responder: *"Son 4.000 dólares. Puedes hacerlo en cuatro pagos de 1.000 dólares, o puedes pagar por adelantado los 4.000 dólares y te garantizamos XYZ. Las personas que se preparan se comprometen más y cumplen, así que nos gusta animarlas a hacerlo con esta garantía"*. Así que ahora, las personas tienen una razón aún mayor para preparar su servicio.

[Condicional] Garantía de devolución sobredimensionada

Lo que obtiene el cliente: El doble o el triple de su dinero, o un pago sin condiciones de $ X.XXX (u otra cantidad que sea mucho más de lo que pagaron).

Mi opinión: Esto es para cuando vendes algo con márgenes altos. Y esto es una garantía a añadir *con* una condición de consumo. Eso significa que deben hacer una serie de cosas para calificar para esta garantía. Un vendedor de clase mundial, Jason Fladlien (que hizo $ 27M en un solo día), recientemente utilizó una garantía increíble para un curso que vendió. Dijo: "Si usted compra este curso y gasta $ X en la publicidad de su tienda de comercio electrónico utilizando los métodos aquí expuestos, y no gana dinero, le compraré su tienda por $ 25.000 sin hacer preguntas". Afirmó que $ 3M adicionales en ventas vinieron de esta garantía loca en un curso $ 2.997. Lo que es más, sólo dio 10 de estos reembolsos de $ 25.000. Así que el reembolso le generó $ 2,75M en ventas adicionales. Eso es lo que una garantía loca hace por ti.

En general, una garantía muy fuerte como esta, definitivamente impulsará más ventas. Esto realmente sirve cuando necesitas que tu cliente potencial haga *muchas* cosas y, suponiendo que esas cosas se hagan, hay una baja probabilidad de que el resultado no se logre. A veces, una garantía de este tipo puede conseguir mejores resultados para los clientes. Esta garantía suele superar a una garantía tradicional de 30 días de devolución del dinero en términos de conversiones netas (ventas menos devoluciones).

[Condicional] Garantía de servicio

Lo que obtiene el cliente: Sigues trabajando gratis para ellos hasta que se logra X.

Mi opinión: Esta es probablemente mi garantía favorita de todos los tiempos. Esencialmente garantiza que lograrán su objetivo, pero elimina el elemento del tiempo. Tú nunca corres el riesgo de perder dinero. La garantía gira en torno al resultado. Para darle más sabor, puedes condicionar esta garantía a que realicen acciones clave relacionadas con el éxito: crear una página Web, asistir a las visitas, presentarse a los entrenamientos, pesarse, informar los datos, etc.

Hablando en serio: Desde que aconsejo a las empresas que utilicen esta garantía en concreto, todavía no he tenido a nadie que me diga que un cliente la ha utilizado. Siendo realistas, si alguien hace todo lo que le has pedido y no consigue el resultado en el plazo que habías dicho, suele ocurrir una de estas dos cosas:

1) Al ver el compromiso del cliente, sigues trabajando con él hasta que consigue el resultado deseado.

2) Abandona. Es probable que tu cliente esté muy cerca del objetivo, lo que significa que está satisfecho. Además, es probable que la reunión para la venta con garantía se produjera meses antes. Lo que pudo haber sido importante en la reunión de ventas es ahora un recuerdo lejano, sustituido por su afecto hacia ti o tu empresa.

[Condicional] Garantía de servicio modificada

Lo que obtiene el cliente: Les das otro período *Y* de servicio o acceso a tus productos/servicios de forma gratuita. Por lo general, *Y* debería al menos duplicar la duración.

Mi opinión: Es como la garantía de servicio, pero vincula una duración específica más prolongada a tu trabajo/implicación. Así que en lugar de estar en carrera "para siempre", sólo estás en carrera por un período adicional *Y* de tiempo. Lo he visto funcionar mágicamente y mantener el negocio en carrera por un período más finito de tiempo que puede ser un lugar más fácil para que comiences antes de hacer el "todo" de la Garantía de servicio anterior.

[Condicional] Garantía basada en el crédito

Lo que obtiene el cliente: Le devuelves lo que pagó pero en forma de crédito para algún otro servicio que ofrezcas.

Mi opinión: Esto se utiliza mejor durante un proceso de venta adicional para cerrar el trato sobre un servicio que no están seguros de que les vaya a gustar. Ya les gusta lo que tienen, y tú intentas venderles *más*. En el peor de los casos, pueden aplicarlo a lo que ya les gusta. Así se mantiene la buena voluntad con el cliente.

[Condicional] Garantía de servicio personal

Lo que obtiene el cliente: Trabajas con el uno a uno, de forma gratuita, hasta que alcanza X objetivo o resultado.

Mi opinión: Es una de las garantías más sólidas que existen. Es como una garantía de servicio en estado de *crack*. Sin embargo, *seguro* que querrás añadir condiciones: que respondan en veinticuatro horas, que utilicen los productos que les digas, que hagan XYZ. Sólo si lo hacen, seguirás trabajando con ellos de uno a uno.

Esto es especialmente poderoso a medida que escalas y te edificas como propietario de un negocio. ¿Te imaginas a uno de mis vendedores diciendo: "Alex trabajará personalmente con usted hasta que su oferta se concrete"? Pues sí. Funcionaría. También sería una pesadilla. Así que probablemente pondría contingencias como: "Siempre que ya hayas gastado 10.000 dólares en tu oferta existente utilizando nuestra estructura, que la oferta que hayas lanzado sea para generar clientes potenciales y que sea una oferta gratuita". Estas son cosas que harían poco probable que no tuvieran éxito. Si por alguna razón *no lo tuvieran* con esas estipulaciones, probablemente yo podría solucionar su problema en diez minutos con sólo identificarlo.

[Condicional] Garantía de beneficios en hotel + pasajes de avión

Lo que obtiene el cliente: Si no recibe valor, le reembolsaremos su producto *y su* hotel + pasaje de avión.

Mi opinión: Esto es técnicamente un "reembolso de gastos accesorios" de nuestro primer ejemplo. Me gusta mucho para talleres y experiencias presenciales. Normalmente, el evento costaría más que el hotel y el pasaje de avión, así que es como agregar 1.000 dólares más a una garantía, pero mucho más tangible. Es lo suficientemente original como para que a la gente le guste.

Copyright © 2023 por ACQUISITION.COM, LLC - PROHIBIDA SU DISTRIBUCIÓN

[Condicional] Garantía de pago de salarios

Lo que obtiene el cliente: Ofreces pagarles su tarifa por hora, sea cual sea, si no consideran valiosa tu visita/sesión con ellos.

Mi opinión: También se trata de una garantía de costo accesorio, pero muy original. Si alguna vez alguien te pide el pago de la nómina, pídele la declaración de renta y divídela entre 1.960 (número de horas trabajadas a 40 h/semana durante un año). Pero nadie que pida un reembolso hará eso, así que nunca tendrás que dar una de estas. Nunca.

[Condicional] Liberación de la garantía de servicio

Lo que obtiene el cliente: Los liberas de su contrato, sin cargo.

Mi opinión: Esto anula una tasa de compromiso o cancelación. Si tu empresa tiene compromisos, contratos o cláusulas ejecutables, ésta puede ser una garantía poderosa. Mejor aún, si tienes un negocio que no logra el cumplimiento de tus contratos, entonces no tienes nada que perder añadiendo la garantía.

[Condicional] Garantía de segundo pago diferido

Lo que obtiene el cliente: No volverás a facturarles hasta *después* de que hayan conseguido su primer resultado. Por ejemplo: Pierde tus primeros dos kilos... realiza tu primera venta... crea tu sitio Web, etc.

Mi opinión: Me gusta mucho, sobre todo si tienes un proceso muy sistematizado para obtener el primer resultado. Hace que el cliente potencial piense en términos de acción rápida y se ponga en marcha. También centrará a tu equipo en la activación de tu cliente. Esta es una gran opción cuando se sabe qué métrica o acción impulsa la activación (indicador de predicción de retención a largo plazo) de un cliente. He utilizado con éxito esta garantía infinidad de veces.

[Condicional] Garantía de primer resultado

Lo que obtiene el cliente: Tú sigues pagando sus costos accesorios (gastos publicitarios, hotel, etc.) hasta que alcanzan su primer resultado. Ejemplo: Si no realiza su primera venta en 14 días, pagaremos su gasto en publicidad hasta que la realice.

Mi Opinión: Igual que el segundo pago diferido, sólo que centrado en un costo diferente. Personalmente, me gusta mucho esta configuración. Mantiene a todo el mundo enfocado en conseguir que el primer dólar cruce el puente. Una vez que ese cruza, el segundo llega poco después.

[Anti-Garantía] Todas las ventas son definitivas

Lo que obtiene el cliente: Acceso a un servicio/producto súper exclusivo y muy valioso. Es probable que se trate de algo muy poderoso que, una vez visto, no se puede dejar de ver, o que, una vez utilizado, no se puede abandonar. Ejemplo: una línea de código para mejorar la experiencia de pago en un sitio Web. Una vez que alguien recibiera este código, podría intentar utilizarlo sin pagarte. O una serie de mensajes de apertura para conquistar chicas o frases de apertura para enviar mensajes a clientes potenciales en frío. Cosas que son muy valiosas pero increíblemente fáciles de robar después de haberlas visto/entendido.

Mi opinión: Esto puede aumentar la persuasión de la venta y el valor del producto o servicio. En esencia, *implica* que el cliente lo va a utilizar y va a ver un inmenso beneficio, exponiendo así a la empresa a la vulnerabilidad. Actúa como una admisión perjudicial. Tenemos una política de que "todas las ventas son definitivas", *pero* es porque nuestro producto es tan exclusivo y tan potente que una vez utilizado no puede dejar de usarse. Puesto que es tan habitual tener algún tipo de garantía, no tenerla llama la atención.

Así que, en lugar de ser evasivo, apóyate en el hecho de que esto funciona tan bien y es tan fácil de copiar que *debes* hacer que todas las ventas sean definitivas. Te creerán aún más si adoptas esta postura. "Vamos a mostrarle nuestro proceso patentado que estamos utilizando ahora mismo para generar clientes potenciales en nuestro negocio. Nuestros embudos, anuncios y métricas. Vamos a exponer el funcionamiento interno de nuestro negocio, como resultado, todas las ventas son definitivas." Nota: aquí se necesita una razón de peso. Inventa una que suene convincente. Cuanto más puedas mostrar la exposición *real*, más eficaz será.

Las Anti-Garantías también pueden funcionar muy bien con productos y servicios de alto precio que requieren mucho trabajo o personalización. "Si usted es el tipo de cliente que necesita una garantía antes de dar el salto, entonces no es el tipo de persona con la que queremos trabajar. Queremos personas motivadas y con iniciativa, que sepan seguir las instrucciones y no busquen una salida antes de empezar. Si no va en serio, no lo adquiera. Pero si se lo toma en serio, se va a llenar de dinero". Con estos ejemplos, deberías hacerte una idea.

Garantías implícitas: Modelos de rendimiento, *revshares* y *profit-sharing*

Rendimiento: A)...solo págueme $XXX por venta/ $XXX por show B) $XX por Kg perdido

***Revshare (Reparto de ganancias)*:** A) 10% de los ingresos brutos B) 20% de participación en los ingresos C) 25% del crecimiento de los ingresos a partir de la base

***Profit-sharing (Participación en las ganancias)*:** A) X% de los ingresos B) X% de los ingresos brutos

***Ratchets (Escalas)*:** 10% si supera X, 20% si supera Y, 30% si supera Z

Bonificaciones/Disparadores: Recibo X cuando ocurre Y.

Lo que obtiene el cliente: Si no se realiza el trabajo, no tienen que pagarte. Si rinde, tu remuneración se ha determinado sobre la base de un acuerdo establecido *antes* de empezar a trabajar.

Mi opinión: El rendimiento, las ganancias o participaciones compartidas (*Revshare* y *Profitshare)* no son garantías *per se*, pero a todos los efectos lo son. Hay una garantía implícita siempre que entras en una asociación de *revshare* o de rendimiento: si no hacen dinero, no tienen que pagarme. En mi opinión, ésta es una de las configuraciones más deseables, si no LA MÁS deseable. En primer lugar, porque te hace responsable de los resultados de tus clientes. En segundo lugar, elimina a los que rinden menos. La alineación perfecta entre cliente y proveedor de servicios fomenta la colaboración y una relación a largo plazo. Soy un gran fan. Los inconvenientes son el seguimiento y el cobro. Así que, si puedes encontrar una manera de solucionarlos... has encontrado una mina de oro. Esta es una parte de la oferta que enseñamos a las agencias que utilizan nuestro *software*. Les ayudamos a cambiar de un modelo de retención a un modelo de rendimiento y lo envolvemos en la Oferta Grand Slam que ya expliqué. He visto innumerables agencias pasar de $ 20.000/mes a $ 200.000+/mes en cuestión de pocos meses.

También se puede asociar una configuración de *revshare* o de rendimiento con un mínimo. Sería como decir "obtendremos el mayor entre $ 1.000 o el 10% de los ingresos generados". Así, si el cliente no genera dinero por el motivo que sea, esto al menos cubre tus costos de servicios, etc. O decir que obtenemos $ 1.000/mes durante los primeros 3 meses y, después de eso, cambiar al 100% del rendimiento. Esto sería ideal para una configuración que toma mucho tiempo para ponerse en marcha.

Este tipo de ofertas funcionan bien cuando se tienen resultados cuantificables. Lo más fuerte, por supuesto, es que no se garantiza el pago si no hay rendimiento.

Crea tu propia garantía ganadora

Revertir el riesgo es la forma número uno de aumentar la conversión de una oferta. Los vendedores experimentados dedican tanto tiempo a elaborar sus garantías como a los propios productos. Es así de importante.

Personalmente, he utilizado todas las garantías enumeradas anteriormente (excepto la del hotel y la llamada telefónica, que acabo de ver y me gustó). Pero puedes crear las tuyas propias. La clave está en identificar los mayores miedos, dolores y obstáculos percibidos por el cliente. "¿Qué es lo que *no* quieren que ocurra si te pagan? ¿Qué es lo que más temen?" Convierte sus miedos en garantías. Piensa en el tiempo, la emoción y los costos externos asociados a cualquier programa o servicio. Cuanto más específica y creativa sea la garantía, mejor.

Dicho esto, las garantías son potenciadores. Pueden aumentar el magnetismo o la atracción de cualquier oferta, pero no pueden crear un negocio. Si se utiliza una garantía para encubrir un equipo de ventas deficiente o un producto deficiente, el tiro saldrá por la culata y habrá muchas devoluciones. No será nada bueno.

Mi consejo: empieza a vender garantías basadas en servicios o a establecer asociaciones basadas en el rendimiento. De este modo, todas las ventas serán definitivas (por lo que no tendrás miedo a las devoluciones). Y lo que es más importante, te comprometerá con los resultados de tus clientes y te mantendrá honesto. A partir de ahí, puedes mantener esa garantía y escalar (perfectamente bien), o ascender hacia garantías menos restrictivas para aumentar el volumen.

Ahora ya tenemos una oferta básica construida y las garantías elegidas.

Lo siguiente...

Ahora todo lo que tenemos que hacer es ponerle un lazo y un nombre a este cachorro. Poner el nombre correcto a una oferta determina la conversión de tu publicidad, la cantidad de respuestas que obtendrás de los correos electrónicos salientes, las llamadas en frío y los mensajes de texto, y la cantidad de respuestas entrantes que obtendrás de tus contenidos orgánicos.

Es importante.

Dicho esto, te mostraré cómo generar nombres ilimitados o "envoltorio" para tu oferta. De esta forma tu oferta no se agotará nunca, por pequeño que sea tu mercado. Esta es la clave para la generación permanente de clientes potenciales (conocida como *"evergreen lead generation"* o generación continua de clientes potenciales y que consiste en un proceso de creación de flujos de marketing de contenidos automatizados, fáciles de distribuir, normalmente digitales, y que trabajan 24 horas al día, 7 días a la semana, 365 días al año).

Regalo No. 9. Crea conmigo una garantía ganadora

Las garantías pueden crear o tirar abajo un negocio. Son como dinamita, pueden ser increíblemente poderosas *si* están en manos de un experto. Entra a <u>Acquisition.com/training/offers</u> y selecciona **"Creación de garantías"** para ver un tutorial corto en video para que puedas empezar a utilizar esto en tu negocio y hacer más ventas lo antes posible. También he creado una **<u>Lista de verificación de garantías gratuita</u>** para que la utilices cuando analices todas las variables. También puedes escanear el código QR si no te gusta escribir. Como siempre, es totalmente gratis. ¡Que lo disfrutes!

Mejora la oferta: Nombre

Efecto del egoísmo implícito: en general, nos sentimos atraídos por las cosas y las personas que más se parecen a nosotros.

FÓRMULA DE NOMBRE M-Á-G-I-C-A

Como el árbol que cae en el bosque y que nadie lo escucha caer, tener una Oferta Grand Slam no te hará ganar dinero si nadie se entera de ella. El objetivo debe ser que, al oír hablar de tu oferta, tus clientes potenciales ideales estén lo suficientemente interesados como para pasar a la acción. Ponerle el nombre adecuado es una parte integral de este proceso.

Aquí tienes un ejemplo. Digamos que ves un "Desafío gratuito para liberar el estrés en seis semanas" y una "Sesión en un tanque de aislamiento sensorial". Pueden ser la misma cosa pero con nombres diferentes es mucho más probable que respondas a la primera.

Ahora bien, el problema es que: con el tiempo, las ofertas se desgastan. Y en los mercados locales se fatigan todavía más rápido. ¿Por qué? En un mercado local cuesta relativamente poco llegar a toda una población. En la mayoría de las plataformas se puede llegar a 1.000 personas por unos 20 dólares. Por lo tanto, si hay 200.000 personas en tu área de cobertura, sólo te costaría 10.000 dólares llegar a todas una vez.

<u>Advertencia importante</u>: llegar a un público una sola vez no significa *en absoluto* que una oferta esté agotada. La mayoría ni siquiera nota una oferta la primera vez que se la menciona. Por eso es necesario crear nuevas formas creativas de promoción (videos, imágenes) y nuevos ganchos, historias y textos en torno a las mismas ofertas. Puedes seguir utilizando las ofertas durante mucho tiempo. Pero cuando hablamos de *años* de uso, no de meses, las ofertas se pueden fatigar.

Con el tiempo, puedes cambiar el nombre de la oferta para refrescarla. Este concepto te conseguirá clientes potenciales para siempre. Lo digo en serio. Así que presta atención. *No* estamos cambiando la oferta en sí. Sólo estamos cambiando el *envoltorio*.

Copyright © 2023 por ACQUISITION.COM, LLC - PROHIBIDA SU DISTRIBUCIÓN

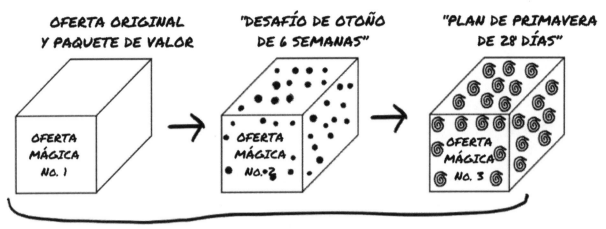

OFERTA ORIGINAL Y PAQUETE DE VALOR

"DESAFÍO DE OTOÑO DE 6 SEMANAS"

"PLAN DE PRIMAVERA DE 28 DÍAS"

OFERTA MÁGICA NO. 1

OFERTA MÁGICA NO. 2

OFERTA MÁGICA NO. 3

MISMO PAQUETE, DISTINTO ENVOLTORIO

Si has creado una oferta combinada, en última instancia seguirás haciendo las mismas cosas. El trabajo que haces, los servicios que prestas y los productos que ofreces, seguirán siendo los mismos aunque cambie el nombre. De nuevo, simplemente estamos cambiando el envoltorio.

Esta es la fórmula más sencilla que se me ha ocurrido para este proceso:

FÓRMULA DE NOMBRE M-Á-G-I-C-A

M AGNÉTICO   CREA UNA RAZÓN MAGNÉTICA

A VATAR   ANUNCIA EL AVATAR

G UÍA   →   DALES UNA META (GUÍA)

I NTERVALO   INDICA UN INTERVALO DE TIEMPO

C ONTENEDOR   COMPLETA CON UNA PALABRA CONTENEDORA

Nota importante: No todos estos componentes son obligatorios. Lo normal es utilizar entre tres y cinco de ellos para nombrar un programa o servicio. Si puedes incluirlos todos, estupendo, pero es probable que el nombre resulte demasiado largo.

Cuanto más corto y contundente, mejor. Es un equilibrio entre brevedad y especificidad. La única forma de saber realmente lo que funciona es escribir los nombres y probarlos.

Repasemos ahora los componentes.

Nota del autor: Teoría del marketing

Si te gusta entender los conceptos detrás de mi fórmula *M-A-G-I-C* elegida. Cada uno se traduce de la siguiente forma: Atención (M-Magnético), Discriminación (A-Avatar), Propósito (G-Guía), Plazo (I-Intervalo) y Método (C-Contenedor).

Crea una "razón" magnética

Empezamos el nombre con una palabra o frase que diga la "razón por la cual" estamos llevando a cabo nuestra promoción.

Me gusta decirle a las personas que piensen como si fuesen organizadores de una fiesta de fraternidad. Cuando estaba en la universidad, una vez hicimos una fiesta porque a un chico le sacaron las muelas del juicio. Digo esto para decir que... el "por qué" puede ser literalmente cualquier cosa.

Realmente no importa, siempre y cuando te lo creas. Incluso puedes hacer una broma como en el ejemplo de la fraternidad. Pero esto debería responder una o a las dos preguntas siguientes: *¿Por qué me hacen esta gran oferta?* o *¿Por qué debería responder a esta oferta?/ ¿Qué gano yo?*

Ejemplos: Gratis, 88% de descuento, Regalo; 88% de Descuento primavera-verano por la vuelta a clases; Gran inauguración; Nueva dirección de la empresa; Nuevo edificio; Aniversario; Halloween; Año Nuevo.

Nota: Hablaré de cómo monetizar las ofertas gratuitas y los descuentos en el Volumen III: Modelos monetarios.

Anuncia tu avatar

Este componente describe a tu avatar ideal: a quién buscas y a quién no buscas como cliente. Debes ser lo más específico posible, pero no más. En una zona local, cuanto más local puedas hacer tu titular, más clientes convertirás. Así que no te dirijas a una ciudad sino a un submercado o a una zona híperlocal. No a Baltimore, sino a Towson, MD. No a Chicago, sino a Hinsdale, etc.

Ejemplos: Clínicas odontológicas locales; Madres de Rolling Hills; Negocios tradicionales; Dueños de salones de belleza; Atletas retirados; Ejecutivos ocupados de Brooklyn.

Dales una meta

Aquí es donde articulas el resultado soñado de tu cliente potencial. Puede ser una sola palabra o una frase. Puede ser un acontecimiento, un sentimiento, una experiencia o un resultado, cualquier cosa que los entusiasme. Cuanto más específico y tangible, mejor.

Ejemplos: Adiós dolor; Sonrisa de celebridad; Consigue el 1er puesto; Nunca te quedes sin aliento; El Producto perfecto; Una Oferta Grand Slam; Vestido negro; Duplica tus ganancias; Primer cliente; Entrada preferencial; 7 Cifras; $ 100K, etc.

Indica un intervalo de tiempo

Lo que quieres lograr con esto es que las personas sepan la duración que pueden esperar. Esto da un ejemplo de cuánto tiempo se tardará en conseguir los resultados.

Nota: Si estás haciendo algún tipo de afirmación cuantificable (como el aumento de ingresos o la pérdida de peso) la mayoría de las plataformas *no* aprobarán este tipo de mensajes *con* una duración establecida para el logro, ya que implica una garantía. Implica que van a conseguir este resultado en un período de tiempo, lo cual va en contra de muchas normas de las plataformas. Así que no des un resultado cuantificable junto con la duración a menos que tu plataforma lo permita. Dicho esto, la duración es un componente poderoso de una Oferta Grand Slam y sin dudas debes utilizarlo en cualquier lugar donde no tengas que lidiar con el cumplimiento. De manera alternativa, si el objetivo con el que los ayudas

Copyright © 2023 por ACQUISITION.COM, LLC - PROHIBIDA SU DISTRIBUCIÓN

no es una "afirmación" *per se*, entonces utiliza absolutamente un intervalo de tiempo. "10.000 dólares en 10 días" versus "Concreta tu primera venta en 10 días".

Ejemplos: AA minutos, BB horas, CC días, DD semanas, Z meses. "4 horas", "21 días", "6 semanas", "3 meses".

Completa con una palabra contenedora

La palabra contenedora denota que esta oferta es un conjunto de muchas cosas juntas. Es un sistema. Es algo que no puede competir frente a una alternativa mercantilizada.

Ejemplos: Desafío, Plan, Campamento, Intensivo, Incubadora, Clase magistral, Programa, Detox, Experiencia, Cumbre, Acelerador, Vía rápida, Atajo, Carrera, Lanzamiento, Impulso, Catapulta, Explosión, Sistema, Escapada, Encuentro, Transformación, *Mastermind*, Plan de juego, Inmersión profunda, Taller, Reencuentro, Renacimiento, Ataque, Asalto, Reseteo, Solución, Golpe certero, Código de trucos, Despegue, etc.

Consejo profesional: Encuentra tiempo para rimar

Las buenas rimas se quedan grabadas en la mente. Haz que el nombre de tu programa rime para ganar el juego.

Busca en Google "diccionario de rimas" para encontrar un atajo fácil.

Nota: no intentes forzarlo. No es un requisito, es sólo "bueno tenerlo".

Ej.: Abdominales de acero en tiempo cero. Libros en 5 días que te darán alegría. Un maratón de impresión. Inmersión profunda para que tu matrimonio no se hunda. Dieta de 12 semanas, ¡logras tu meta y ganas! 12 meses de reseteo: dale a tus deudas un recreo. Clase magistral: aprendizaje sin igual. Figura de renombre: ¡trasero que asombre! (me pareció gracioso), etc. Ya entiendes la idea.

Copyright © 2023 por ACQUISITION.COM, LLC - PROHIBIDA SU DISTRIBUCIÓN

Consejo profesional: Aliteración

La aliteración consiste en hacer que todas (o la mayoría) de las palabras empiecen por la misma letra o sonido.

Una alternativa a la rima es utilizar la aliteración cuando nombres el programa. A la mayoría de las personas les resulta más fácil que rimar. Repito, no es estrictamente necesario rimar o aliterar. No lo fuerces.

Ej.: Masterclass de marketing. Desafío: Determina tu día a día. Campamento de campeones. Detox de deudas. Reseteo Real Estate. Despliega tu desarrollo con determinación, etc.

Puede sonar raro, pero nombrar las ofertas es una de mis partes preferidas de este proceso. Lo que quiero destacar, una vez más, es que tu modelo monetario real, los precios y los servicios permanecerán prácticamente inalterados. Cambiar el envoltorio significa simplemente cambiar la percepción exterior de lo que es tu Oferta Grand Slam.

A continuación encontrarás algunos ejemplos de ofertas con nombres para diferentes sectores.

Bienestar

- Desafío sin desmayos, seis semanas para llegar en forma a mayo.

- Persiste en el proceso para perder peso: ¡ponle pasión a tu transformación con nuestra promoción!

- Madres majestuosas, ¡maximicen su bienestar con nuestra promo poderosa!

- Peluquería perfecta: Presume tu magnífica melena en 60 minutos

- Desafío de seis semanas: Libérate del estrés

- ¡Sin cargo y sin tortura! 42 días de adelgazamiento sin sufrimiento.

Copyright © 2023 por ACQUISITION.COM, LLC - PROHIBIDA SU DISTRIBUCIÓN

Médicos

- Transforma tu sonrisa con un descuento de $ 2.000

- Madres de Lakeway: Descuento de $ 1.500 en ortodoncia para sus hijos

- Madres de Lakeway: 12 meses para una sonrisa perfecta ($ 1.000 de descuento para 15 familias)

- Aparatos de ortodoncia de regalo para la vuelta a clases

- Gran inauguración: Radiografías y tratamiento gratis - Alivio instantáneo

- ¡No más dolores de espalda! Tratamiento tenaz, bienestar veraz en 90 días

- ¿Tensión? Masaje especial: promo verano para nuevos clientes por $ 1,00

Coaching

- Gana 5 clientes en 5 días

- Intensivo de 12 semanas para que tu empresa llegue a 7 cifras

- Lanzamiento: 14 días para encontrar tu producto perfecto

- "¡Gimnasio repleto, éxito completo! ¡Llena tu gimnasio en 30 días, gratis!

Podría seguir, pero espero que te hayas hecho una idea. Ahora es el momento de que lo pruebes con tu Oferta Grand Slam.

Una vez más, no tienes que utilizar necesariamente todos los componentes del título. El uso de tres a cinco normalmente creará algo más único y deseable, lo cual te permitirá separarte del campo de la competencia y crear una oferta que obtendrá clics y compromiso, y en última instancia, hacer dinero.

Además, no hace falta que las apliques en el orden M-A-G-I-C. Haz lo que te suene mejor. Después de hacer esto durante un tiempo, verás que algunas ofertas convierten mejor que otras. Es normal. Y de vez en cuando conseguirás un nombre que despegue como un cohete. Sinceramente, no tengo ni idea de por qué algunos nombres triunfan y otros no. Así que no te emociones. Sigue intentándolo. Sigue fallando. Entonces inténtalo más duro. Lo conseguirás.

Ahora que ya tienes varios nombres para tu oferta, puedes utilizar dos o tres de los mejores en tu campaña publicitaria. Anota rápidamente al ganador y utilízalo como control para probar nuevos nombres. Así es como se promociona una oferta.

Consejo profesional - Nombra subproductos y bonificaciones

Usa la fórmula mágica en el título para cada elemento de tu paquete. Aumentarás automáticamente el valor de tus ofertas con solo nombrarlas de forma que resuenen en tus clientes potenciales.

Qué ocurre cuando las ofertas se desgastan

A medida que vayas lanzando tus ofertas, tendrás que ir creando variaciones ya que los gustos del mercado van cambiando con el tiempo. Este es el orden en el que cambiarás las cosas para mantener coherencia en el flujo de clientes potenciales.

1) Cambia los elementos creativos (las imágenes y fotografías de tus anuncios)

2) Cambia el cuerpo del texto de tus anuncios

3) Cambia el nombre - el "envoltorio" de tu oferta

    a) 'Desafío gratis de 6 semanas para adelgazar' por 'Desafío gratis de 6 semanas para tonificar'.

    b) 'Entrena para las vacaciones' por 'Año nuevo, cuerpo nuevo'.

4) Cambia la duración de tu oferta.

5) Cambia el potenciador de tu oferta (tu componente gratuito/descuento).

6) Cambia la estructura de monetización, la serie de ofertas que ofreces a los clientes potenciales y los precios asociados a ellas (Libro II).

Sigo este marco de variación porque la mayoría de las veces lo que hay que cambiar es el primer puñado de elementos. Normalmente, hay que cambiarlos una y otra vez sin tocar nada de la parte inferior de la lista.

Copyright © 2023 por ACQUISITION.COM, LLC - PROHIBIDA SU DISTRIBUCIÓN

Por ejemplo, cuando los anuncios se desgastan, no cambiamos todo nuestro negocio; simplemente volvemos a publicar el mismo anuncio con un video o una imagen diferentes. Cuando deja de funcionar, lo volvemos a cambiar. Al final hay que cambiar las palabras de los anuncios. Y repetir el proceso. Entonces, y solo entonces, cambiarías el envoltorio.

Digamos que cambiamos de un 'Reto de seis semanas para liberarte del estrés' a un 'Reto de 42 días de vacaciones relajantes' en un centro de masajes. Es la misma oferta principal pero con un envoltorio diferente. Luego, por supuesto, podrías cambiar la duración de tu oferta: de seis semanas a 28 días u ocho semanas, etc. Cuanto más bajas en la lista, más pesada será la operación, así que asegúrate de haber agotado las formas más "ligeras" de variar tu oferta.

Una vez que hayas monetizado una oferta rara vez deberás cambiarla. Basta con darle una lavada de cara y repetirla una y otra vez. Esto puede ser difícil porque somos emprendedores y nos *encantan* los cambios. El cambio aquí normalmente sólo crea ineficiencia y arrastre operativo, costándote dinero. Eso no es nada bueno.

Así que utiliza tu mentalidad emprendedora primero en el "envoltorio", es decir, en el "aspecto" de la oferta (texto, creatividad, títulos). A continuación, cambia la estacionalidad de la oferta. Después, cambia la duración. Si sigues atascado, cambia lo que ofreces gratis o con descuento. Cambia toda la maquinaria que hay detrás *sólo* como último recurso y por una muy buena razón, especialmente una vez que consigas tracción.

Pero, ¿cómo se consigue la tracción inicial? Buena pregunta. Prueba la estructura de la oferta y el título que consideres que tengan más probabilidades de funcionar. A continuación, mantente firme.

Y si no aciertas al principio, no te preocupes. Mejorarás. A menudo, si utilizas este tipo de modelos, *muchos* de ellos funcionarán. En ese caso, quédate con el que te dé mayor rentabilidad. También puedes rotar entre las ofertas si ello no crea mucho desgaste operativo para tu tipo de negocio. Esta es la posición de poder definitiva. Tienes varios "ases bajo la manga" que puedes jugar en cualquier momento, lo que hace que tu marketing genere ventas a un nivel aún más alto.

Copyright © 2023 por ACQUISITION.COM, LLC - PROHIBIDA SU DISTRIBUCIÓN

Nota del autor - Marketing para empresas locales

Irónicamente, el marketing para empresas locales es a la vez más fácil y más difícil que el marketing a nivel nacional. Es más fácil empezar a trabajar pero más difícil continuarlo o ampliarlo. Y la razón es que en los mercados locales es más fácil porque hay confianza en lo conocido. Así que vender en persona a precios más altos en un mercado local es intrínsecamente más fácil. Significa que convertirás a un porcentaje mucho mayor de tus clientes potenciales. Esto hace que el marketing funcione la mayoría de las veces.

La desventaja del marketing local es que las ofertas se desgastan rápidamente porque el radio de acción de una empresa local es limitado. Haciendo referencia a un concepto anterior, el Mercado Total Accesible Accesible o TAM (*Total Addressable Market*, por sus siglas en inglés) al que te puedes dirigir de un negocio físico tradicional es sólo su radio inmediato (la mayoría de las veces). Así que, por extensión, cuanto menor sea el radio, más rápido se fatigarán las ofertas. Esta es el arma de doble filo de lo local.

Aprender a variar rápidamente mis ofertas, títulos y material creativo cuando tenía mis negocios locales fue una habilidad fundamental que me facilitó mucho la expansión hacia la publicidad a nivel nacional. Así que si estás en un mercado local, recuerda que no vas a cambiar la estructura de tu oferta. Sólo vas a cambiar la forma en que tu oferta se *ve* en el mercado en el que te mueves.

Resumen sobre el nombre

Debemos nombrar adecuadamente nuestra oferta para atraer al avatar adecuado a nuestro negocio. La gente *juzga* un libro por su portada. Nombrar a medias tu producto u oferta puede arruinar las conversiones. No seas víctima de una denominación perezosa. Sigue estos pasos para nombrar a tu producto u oferta de servicio y observa cómo la misma oferta obtiene 2, 3 o 10 veces la tasa de respuesta. Lo creerás cuando lo veas. Lo sé porque yo lo hice.

Repaso de cómo mejorar tu oferta

¡Felicitaciones! Has descubierto cómo hacer que tu oferta sea valiosa, cómo dividir tus servicios en distintos componentes y cómo agruparlos en un todo más valioso.

Añadiste una garantía para conseguir que más personas compren tu oferta y la consuman realmente para tener más éxito.

La has presentado con urgencia y escasez para que más gente la desee.

Y ahora has nombrado tu oferta para que atraiga a los prospectos adecuados y repela a los malos, mientras contiene una gran promesa que comprende a todos.

Pero hemos cubierto mucho, así que quiero darte un breve respiro antes de adentrarnos en el Libro II para ayudarte a atraer clientes y monetizar tu oferta.

REGALO No. 10. Crea el nombre perfecto para tu producto

Nombrar a tu producto correctamente ayuda a tu avatar a saber que el producto es para ellos, que es valioso y que resolverá sus problemas. Si deseas hacer esto en vivo conmigo, entra a **Acquisition.com/training/offers** y selecciona **"Cómo nombrar productos"** para ver un breve tutorial en video y empezar a utilizar esto en tu negocio para hacer más ventas lo antes posible. También elaboré una **Lista de verificación gratuita de la fórmula para nombrar ofertas** para que la utilices y reutilices con tu equipo. Funciona también para nombrar promociones. También puedes escanear el código QR si no te gusta escribir. Como siempre, es totalmente gratis. ¡Que lo disfrutes!

Copyright © 2023 por ACQUISITION.COM, LLC - PROHIBIDA SU DISTRIBUCIÓN

PARTE V
Ejecución

Cómo hacer que esto suceda en el mundo real

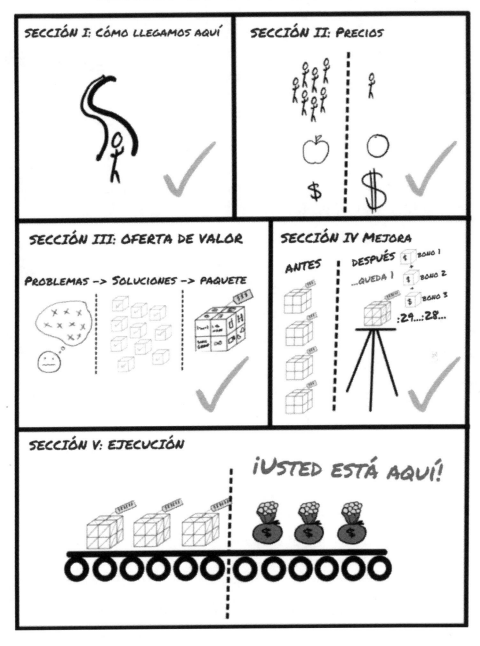

Tus primeros $ 100.000

"Los primeros 100.000 dólares son una mierda, pero tienes que hacerlo. No me importa lo que tengas que hacer: si eso significa ir caminando a todas partes y no comer nada que no se haya comprado con un cupón, encuentra la forma de conseguir 100.000 dólares. Después de eso, podrás aflojar un poco."

- Charlie Munger, Vicepresidente de Berkshire Hathaway

Marzo de 2017.

Mi corazón iba a mil por hora. Podía sentir literalmente cada latido golpeándome el pecho. Apreté la mandíbula para evitar el nudo en la garganta que sabía que me iba a hacer llorar. Estaba agotado. Años de emociones reprimidas bajo la superficie. Años de ignorar mi realidad y mi falta de éxito. Años de postergar lo que sentía y enfocarme en *seguir adelante*. La presión salía a la superficie. Podía *sentirla*.

"Lo logramos", dije.

Leila, mi mujer, me miró. Estaba en la cocina preparando la cena y se detuvo, espátula en mano. "¿Qué quieres decir?"

"Lo conseguimos. Llegamos a los 100.000 dólares." Apenas logré pronunciar las palabras porque no quería que las lágrimas surgieran a través del temblor de mi voz.

"¿En ingresos?"

"No. En nuestras cuentas bancarias personales."

"¡¿Mierda, en serio?! ¡Es increíble!"

Corrió a mí, olvidándose de la comida que estaba en la hornalla, y envolvió mi cuello con sus brazos, con la espátula todavía en la mano.

"Estoy tan orgullosa de ti."

Me apretó. Me desplomé en sus brazos. Fue como si todos los nudos de mi cuerpo a los que me había estado aferrando se desataran de golpe. Apenas podía contenerme. Pero cuando pienso en ese momento, la sensación que tuve no fue de felicidad. Era alivio. Había

Copyright © 2023 por ACQUISITION.COM, LLC - PROHIBIDA SU DISTRIBUCIÓN

pasado del miedo a la seguridad. Había pasado de sentirme fracasado todos los días, de ver cómo mi trabajo y mi esfuerzo no daban nada, a hacer realidad un sueño. La ansiedad y el miedo constantes de "qué vamos a hacer" *finalmente* se habían sustituido por otra cosa. Por fin tenía tiempo para permitirme sentir algo.

Sentí que este capítulo de "lucha" de mi vida por fin había terminado.

"Mira", dije. "Es en serio."

Aparté mi cabeza de los brazos de Leila. No quería mirarla a los ojos porque sabía que me pondría al límite. Saqué mi teléfono y lo puse entre nosotros. Los dos miramos fijamente la pantalla con el saldo de nuestra cuenta bancaria personal.

US$ 101.018.

Nuestras miradas permanecieron fijas mientras confirmaban una nueva realidad compartida. No era una ilusión. No eran ingresos. No eran "ganancias" que seguían en la cuenta de la empresa sólo para ser retiradas más tarde para alguna emergencia imprevista. No era dinero "asignado" que había que utilizar para pagar alguna deuda. Era *nuestro*. De verdad.

"Mi amor", le dije, "podríamos cagarla y no ganar ni un dólar más durante tres años seguidos, y aun así estaríamos bien."

En ese momento, 33.000 dólares al año eran más que suficiente para vivir con nuestros gastos durante tres años *y algo más*.

Años de altibajos. Años de invertir dinero en mi(s) negocio(s) sólo para verlo desaparecer en gastos generales, salarios de empleados y errores. Años de seminarios, cursos, talleres, programas de *coaching*, planificaciones... se habían convertido en riqueza F-I-N-A-L-M-E-N-T-E. Me sentí como si hubiera entrado en un nuevo plano. El aumento relativo de mi seguridad financiera era más de lo que nunca había sentido.

Decenas de millones de dólares en el banco más tarde, en ese momento, me sentí, y aún hoy me siento, más rico que nunca en mi vida. Fue el comienzo del siguiente capítulo de mi vida como empresario y emprendedor.

Algunas personas llegan rápido. Otros lo logran en más tiempo. Pero todo el mundo termina llegando, siempre y cuando no se rindan. Sigue avanzando. Sigue levantándote. Sigue creyendo que es posible.

Y lo será.

Copyright © 2023 por ACQUISITION.COM, LLC - PROHIBIDA SU DISTRIBUCIÓN

En pocas palabras

Hemos hablado de muchas cosas. Y creo que es importante consolidar y reafirmar la información para que se asimile y se consolide. Así que esta es la lista escrita "en la parte de atrás de la servilleta" que resume lo que hemos aprendido hasta ahora y por qué.

1) Hemos explicado por qué no debes ser una mercancía más o *commodity* en este mercado.

2) Por qué debes elegir un mercado normal o en crecimiento, y por qué los nichos te hacen rico.

3) Por qué debes cobrar mucho dinero.

4) Cómo cobrar mucho dinero utilizando los cuatro impulsores de valor fundamentales.

5) Cómo crear tu oferta de valor en cinco pasos.

6) Cómo acumular el valor, entregarlo y hacerlo rentable.

7) Cómo desplazar la curva de la demanda a tu favor utilizando la escasez.

8) Cómo utilizar la urgencia para disminuir el umbral de acción de los compradores.

9) Cómo utilizar estratégicamente las bonificaciones para aumentar la demanda de tu oferta.

10) Cómo revertir completamente el riesgo del comprador con una garantía creativa.

11) Cómo ponerle a tu oferta un nombre que resuene con tu avatar.

Ahora tienes una oferta valiosa, de alto margen y desmercantilizada. Este es el primer bloque de construcción de un negocio maravilloso - un producto o servicio que la gente quiere desesperadamente y realmente resuelve su problema. Para muchos, esto será suficiente para hacer muchas más ventas, a precios más altos, con más beneficios. Tu primera verdadera Oferta Grand Slam debería poder llevarte a tus primeros 100.000 dólares. Otros, querrán aún *más*, lo cual es 100 por ciento su derecho como capitalistas.

Hay mucho más para construir una máquina de adquisición que sea *rentable*. No podría abarcarlo todo en un libro. Por respeto a ti, quise que fuera exhaustivo pero manejable. Dicho esto, el próximo libro está dedicado exactamente a eso - *a conseguir más* - a través de la generación de clientes potenciales. En ese libro voy a desglosar *exactamente* cómo adquirir clientes *que den ganancias*. Es decir, si estructuras tus promociones correctamente, nunca

Copyright © 2023 por ACQUISITION.COM, LLC - PROHIBIDA SU DISTRIBUCIÓN

tendrás que volver a pagar por un nuevo cliente. Ese es el tema de **Acquisition.com Volumen II Prospectos de $100M: Cómo conseguir que desconocidos quieran comprar tus productos**

Reflexiones finales

El espíritu empresarial consiste en adquirir habilidades, creencias y rasgos de carácter. Para avanzar, creo que debemos determinar de qué habilidades, creencias y rasgos de carácter *carecemos*. La mayoría de las veces simplemente necesitamos mejorar. Y la única manera de hacerlo es aprendiendo de la experiencia y/o de fuentes de alta calidad. He recibido consejos terribles de personas que estaban por delante de mí en ese momento. Y si bien la experiencia es la *mejor* maestra, no es la más amable.

Mi esperanza más sincera es que lo que produzco proporcione la orientación que yo necesité tan desesperadamente cuando estaba iniciando mi camino empresarial. Ojalá pudiera abarcarlo todo en un solo libro (por mi bien y por el tuyo). Pero, para ofrecerte el servicio que yo hubiese querido tener, no puedo hacerlo. El diablo está en los detalles. La excelencia existe en la profundidad de los conocimientos y en los matices. Eso es lo que separa a los grandes de los demás. Espero que en todos los contenidos que produzco veas mi dedicación ante estos detalles y matices que marcan *toda la diferencia*. Estas lecciones me las he ganado a pulso.

Espero que hayas disfrutado de este primer volumen de mi serie sobre ofertas. Antes de seguir adelante con el segundo volumen, en el que nos centraremos en la generación de clientes potenciales, como ya he mencionado, quisiera volver al punto de partida. Después de leer este libro, espero:

1) Que estés bien encaminado para crear tu primera Oferta Grand Slam. O, al menos, que puedas tomar los componentes que le faltaban a tu oferta para hacerla más convincente para tu mercado.

2) Haber cumplido mi promesa del principio de este libro de que: invirtiendo dos o tres horas de tu tiempo aquí obtendrías un rendimiento mucho mayor que con cualquier otra cosa que pudieras hacer.

3) A cambio, espero haber dado un pequeño paso para ganarme lo que más valoro de ti: **tu confianza**.

Por último, espero que este libro cree una pequeña huella en nuestros esfuerzos por mejorar el mundo, porque creo que nadie va a venir a salvarnos. Depende de nosotros, como empresarios innovar para conseguir un mundo mejor. Y eso es algo a lo que estoy dispuesto a dedicar mi vida. Y espero que tú también.

Te agradezco tu atención. Podrías haberla dedicado a cualquier otra cosa y elegiste invertirla conmigo. Lo tengo en alta estima. Así que, sinceramente, gracias.

Mantente ávido,

Alex

PD - (encuentra el boleto de oro más abajo)

BOLETO DE ORO: VALE X 1

Si generas más de 1.000.000 de dólares al año en beneficios netos (no ingresos) y quieres que te ayudemos a escalar tu negocio, visita Acquisition.com. Ayudamos a las empresas a expandirse de forma *tan rentable que sólo necesitan enriquecerse una vez.* No soy de los que se conforman con que "hagas tu primer dólar", soy la persona que te ayudará a "ganar el último dólar que necesitarás". Si te sientes identificado, ya sabes cómo conectarte conmigo a través de mi página Web y reservar una entrevista. Me encantaría conocerte, escuchar sobre tu negocio y ver cómo podemos ayudarte.

Copyright © 2023 por ACQUISITION.COM, LLC - PROHIBIDA SU DISTRIBUCIÓN

¿Te opondrías a crecer más rápido? Si no es así entonces...

<u>CAPÍTULO ADICIONAL DE REGALO</u>: Entre este libro y mi próximo libro publiqué un único capítulo para responder a la pregunta más frecuente de mi audiencia: *¿Cómo elijo a quién venderle mi producto?* La respuesta la escribí en un capítulo independiente que titulé "Tu primer avatar". Puedes descargarlo gratis aquí: **https://acquisition.com/avatar**

PRÓXIMO LIBRO. Puedes echar un vistazo a mi **próximo libro** acertadamente llamado **Acquisition.com Volumen II Prospectos de $100M: Cómo conseguir que desconocidos quieran comprar tus productos.** Que cubre... los prospectos. Nunca te quedarás sin nuevos clientes si sigues los pasos de ese libro (especialmente ahora que cuentas con la oferta que hemos construido). No estoy seguro de si ese es el nombre definitivo (todavía está en edición), pero si lo buscas por mi nombre, lo encontrarás. También es probable que puedas encontrarlo en mi sitio Acquisition.com (eso espero).

<u>AUDIOLIBRO</u>. Si te gusta escuchar y tener todos tus libros contigo como referencia (es lo que yo hago) puedes conseguir la **versión en *Audible* y en *Kindle* de cualquiera o de todos mis libros en *Amazon*.** Me gusta leer y escuchar al mismo tiempo para aumentar mi velocidad de asimilación y disfrute. Sólo tienes que buscar los títulos de los libros y aparecerán los dos.

<u>PODCAST</u>. Si te gusta escuchar, tengo un **Podcast llamado "El Juego"** (original en inglés: *"The Game"*) donde puedes sintonizar episodios cortos que ofrecen lecciones tácticas (aprendidas de los fracasos) para que puedas llegar a tus metas más rápidamente. Echa un vistazo al podcast aquí: alexspodcast.com

<u>YouTube</u>. Tengo un canal de *YouTube* donde subo nuevos tutoriales un par de veces a la semana: sólo tienes que buscar mi nombre **"Alex Hormozi"** para encontrarlo.

<u>IG</u>. Puedes seguirme en *Instagram* si te gusta algo más personal: **@hormozi**

Copyright © 2023 por ACQUISITION.COM, LLC - PROHIBIDA SU DISTRIBUCIÓN

Made in the USA
Monee, IL
24 August 2024

31c530ea-822e-44dc-8d1c-34d5e7e37d63R01